MARK HEIRMAN

Wie is er bang voor de lijkwade van Turijn?

Houtekiet
Antwerpen / Utrecht

Alle ideeën zijn misdadig zodra mensen
zich van de absolute waarheid ervan overtuigen
en het in hun hoofd halen
ze aan iedereen op te dringen
JEAN-MARIE BLAS DE ROBLÈS

Waarheid is niet onzichtbaar, maar ongrijpbaar.
Daarom schuilt er meer waarheid
in een kathedraal dan in een dogma
RIK TORFS

Houtekiet, Katwilgweg 2, B-2050 Antwerpen
www.houtekiet.com
info@houtekiet.com

Omslag Jan Hendrickx, naar De Heilige Lijkwade
van de Milanese barokschilder
Giovanni Battista della Rovere (1560?-1630?)
Foto auteur Sara Engels
Zetwerk Intertext Antwerpen

ISBN 978 90 8924 208 2
D 2012 4765 2
NUR 740

WIE IS ER BANG VOOR
DE LIJKWADE VAN TURIJN?

Inhoud

Woord vooraf

Het is weinig waarnemers opgevallen dat paus Johannes-Paulus II in maart 1983 tijdens zijn reis naar Zuid-Amerika een bizarre tussenstop inlaste in Lissabon. Bizar, omdat hij daar de bejaarde Italiaanse ex-koning Umberto II van Savoie ontmoette die hem... de lijkwade van Turijn toevertrouwde. Het was geen dag te vroeg. Nauwelijks twee weken later overleed de 79-jarige Umberto in Portugal.

Pas in 1983 werd de lijkwade van Turijn dus eigendom van de Heilige Stoel. Sinds 1578 was de lijkwade eigendom van de hertogen van Savoie, de latere koningen van Sardinië, de nog latere koningen van Italië. Vandaar dat elk onderzoek van de lijkwade van Turijn tot 1983 de instemming van de Italiaanse koningen of van ex-koning Umberto II vereiste, erfgenamen van het Huis van Savoie. Weliswaar werd de aartsbisschop van Turijn, steevast een kardinaal, al in 1578 de feitelijke hoeder over de lijkwade, maar als het er op aankwam, was het de vaandeldrager van het Huis van Savoie die met betrekking tot de lijkwade zijn fiat moest geven. Nog in 1973 en 1978 was de instemming van ex-koning Umberto II vereist om de lijkwade wetenschappelijk te mogen onderzoeken.

Dat het Vaticaan in 1983 de lijkwade werd toebedeeld, was dus geen *fait divers*. Nooit eerder had het Vaticaan zeggingskracht over de lijkwade. Meer dan duizend jaar lang bleef de lijkwade, als we de tradities mogen geloven, in het christelijke Oosten, in Edessa, Jeruzalem of Constantinopel. Pas in de 14de eeuw dook de lijkwade op in het Westen, met name in het Franse Lirey bij Troyes (Champagne). Ze kwam in het bezit van feodale heersers, nazaten van Geoffrey de Charny, die nauwelijks naar Rome opkeken. Het was een kleindochter van Geoffrey, Marguerite de Charny, die de lijkwade in 1453 verkocht aan de hertogen van Savoie. En in de 16de eeuw verhuisde de lijkwade naar Turijn, omdat het Huis van Savoie dat een betere en veiligere plaats vond dan Chambéry in de Franse Alpen. Met Rome had de lijkwade, tot 1983, formeel niets te maken.

Maar was de lijkwade van Turijn, zoals de traditie het wil, wel de lijkwade die Jozef van Arimatea omstreeks het jaar 30 kocht om er de gekruisigde Nazarener, overigens in zijn eigen grafkelder, in op te bergen? Na bijna honderd jaar wetenschappelijk onderzoek kreeg die traditie alvast een forse dreun, toen het C14-verdict, de fameuze koolstofdatering, in 1988 liet horen dat het omstreden lijnwaad niet uit de eerste eeuw AD dateerde, maar uit de jaren 1260-1390. Dat waren de jaren dat de lijkwade voor het eerst in Lirey opdook. Er werd dus wetenschappelijk bewezen dat het om een vervalsing ging, geen authentieke getuige van de verrijzenis maar een door mensen vervaardigd *kunstwerk* uit de 13de of 14de eeuw.

Die conclusie kon *sindonologen*, wetenschappers uit diverse disciplines die al honderd jaar de lijkwade (in het Grieks en het Latijn de *sindon*) onderzoeken, nooit echt overtuigen. Omdat de sindonologen ook andere pijlen op hun boog hebben dan de omstreden C14-datering. Nooit eerder en nooit later werd een christelijke relikwie zo intens en zo langdurig door wetenschappers onderzocht. En die kwamen vaak tot heel andere conclusies dan het C14-verdict. Over het eerste christelijke millennium kon op dit punt nooit overeenstemming bereikt worden. Maar dat de lijkwade, of een gelijkaardig lijnwaad, in de jaren 943-1204 in Constantinopel te zien was, eeuwenlang de allergrootste stad van de christenheid, staat vast. En die datering valt ver buiten de uitersten van het C14-verdict.

Opvallend genoeg waren het Vaticaan en de kardinaal-aartsbisschop van Turijn in 1988 er als de kippen bij om het C14-verdict vrijwel *klakkeloos* te aanvaarden. Omdat ze ervan uitgingen dat de C14-datering even precies en even vlekkeloos was als een DNA-onderzoek? Of gewoon omdat een historische vervalsing hen beter uitkwam dan een authentieke lijkwade? Want de authenticiteit van de lijkwade heeft geen paus ooit uitdrukkelijk bevestigd. Voor de pausen was de lijkwade een icoon of een kunstzinnige voorstelling van het lijden en sterven van de Nazarener. Maar die icoon kwam te dicht bij de verrijzenis en bij de oudste christelijke dogma's om ooit de authenticiteit ervan te erkennen.

Met dat uiterst voorzichtige en bedachtzame standpunt blijft het Vaticaan trouw aan zichzelf. Rome schuwt elk onderzoek en elke opinie die de christelijke dogma's in gevaar zouden brengen. Dat blijkt ook uit de Vaticaanse reactie op de ontdekking van de laatjoodse teksten van Qumran (een ruïne aan de Dode Zee, blootgelegd in 1947) en de vroegchristelijke Nag Hammadi-geschriften (in 1945 teruggevonden in Egypte). Teksten en geschriften die zo dicht bij de Nazarener komen dat Rome de auteurs van Qumran liefst naar de 2de eeuw v.C. verbant, en die van Nag Hammadi naar de 2de eeuw n.C. Ver genoeg van de historische Nazarener verwijderd om hem niet te besmeuren. Dat geldt trouwens ook voor omstreden tijdgenoten van de Nazarener als Maria Magdalena, mogelijk dé vrouw van Zijn leven, en Jacobus de Rechtvaardige, 'de broeder des Heren' en de eerste bisschop van Jeruzalem.

Feit is dat sinds 1983, en pas dan, op de lijkwade geen onderzoek meer kan verricht worden zonder Vaticaanse toestemming. Daarom is er sinds 1988, het jaar van het door het Vaticaan gewenste C14-verdict, nog weinig gebeurd. Zonder daar veel woorden aan vuil te maken, werd vakkundig onderzoek sindsdien door Rome gewoon stilgelegd. Weliswaar bleven *sindonologen* hun versie van de feiten herkauwen. Maar de kans dat de Vaticaanse eigenaar van de lijkwade nog nieuwe initiatieven zou nemen, is sinds 1988 vrijwel uitgesloten. Alsof het Vaticaan in 1988 vanuit onverdachte hoek – het C14-orakel – het verdict kreeg waar het op hoopte. Het verdict waarmee ze de eeuw van het wetenschappelijk onderzoek van de lijkwade glorieus, want in haar voordeel, kon afsluiten.

1

Materiële gegevens

Wat wij vandaag kennen als de lijkwade van Turijn is een rechthoekige witlinnen doek van circa 4m30 op 1m10, geweven van vlasgaren. De afmetingen zijn geen exacte cijfers. Zo heeft de Welshe natuurwetenschapper Rodney Hoare (1927-1997) het over een lengte van 4m36. Dat verschil is niet ongewoon. Doorheen de jaren kan een linnen doek van die omvang rekken of krimpen, zeker als het doek wordt opgespannen of opgeborgen. Bovendien werden al in de 16de eeuw stukjes van de lijkwade geknipt, misschien als een relikwie van een relikwie, en werd het lijnwaad herhaaldelijk versteld of gerestaureerd. Minstens twee keer ging het om een grondige restauratie, na een grote brand in 1532 in de kapel van Chambéry en toen het linnen in 1694 werd overgebracht naar een nieuwe kapel in de kathedraal van Turijn.

Waarover geen discussie mogelijk is, is dat de lijkwade een vlaslinnen doek is. Volgens de Brugse sindonoloog Oktaaf Boie, eigenlijk een germanist, is de bewuste vlasvezel een product van de vlasfamilie – de *Linaceae*. In dit geval de *Linum usitatissimum*, met blauwbloeiende en witbloeiende rassen. Dat het witlinnen doek tweeduizend jaar geleden geweven werd, is perfect mogelijk. In gunstige omstandigheden opgeborgen, zijn er in diverse musea veel oudere linnen weefsels bewaard gebleven. Volgens Boie werd het lijnwaad in Sidon geweven, in die dagen een Fenicische havenstad met een welvarende vlasvezelproductie, thans een havenstad in Zuid-Libanon. Dat bevestigde ook de befaamde Franse historicus van de weefkunst, Jacques Anquetil, niet te verwarren met de gelijknamige wielrenner.

De vlasteelt, het bewerken van stengels en vezels, het spinnen van vlasgaren en het weven van vlaslinnen was de mensheid op dat moment al zesduizend jaar bekend. Bakermat van de vlascultuur was naar verluidt de Kaukasus, van waaruit de vlascultuur zich sinds het zesde millennium v.C. verspreidde over Egypte, Fenicië, Mesopotamië, India, China. Zo vereerde het oude Egypte Isis als 'de godin die de Egyptenaren de vlasteelt had aangeleerd'. Priesters van Isis droegen het zuiverste linnen. Wellicht waren het de Feniciërs die de vlascultuur in het tweede millennium v.C. ook naar Europa brachten. Zowel Kelten als Germanen produceerden al linnen. Ten tijde van Jezus van Nazareth waren de Fenicische steden Sidon en Tyrus gekende centra voor de vlascultuur en de linnenproductie. Overigens leverden de Fenicische steden ook 's werelds eerste glasblazers en produceerden ze de meest gegeerde kleurstof in de toenmalige wereld, de keizerskleur purper. Ook in Judea en de omliggende Joodse gebiedsdelen stonden linnen gewaden en het fijnste lijnwaad hoog in aanzien.

De lijkwade van Turijn *kan* dus perfect tweeduizend jaar oud zijn en *kan* afkomstig zijn uit Sidon. Dat geldt ook voor het visgraatpatroon waarin het linnen geweven werd, een kwestie van schering en inslag, een patroon dat al in die tijd in Sidon gekend en gebruikt werd. Volgens de precieze Anquetil ging het om '38 draden op een centimeter schering en 25 draden op een centimeter inslag'.

Alleen waren voor een lijnwaad van die afmetingen minimaal 800 werkuren vereist, volgens Boie 20 werkweken van 40 uur voor één wever. Plus de prijs van het gesponnen vlasgaren. Geen wonder dat volgens de vier evangelies alleen 'een rijk en welvarend man' als Jozef van Arimatea zich zo'n lijkwade kon permitteren. Dezelfde Arimatea die bij Golgotha z'n eigen grafkelder in de rotsen liet uithouwen. Het was alvast geen enkelvoudige smalle nis waarin volgens Joodse gebruiken slechts het lichaam van één afgestorvene kon geschoven worden maar een vertrek met meerdere nissen en alle voorzieningen voor een laatste lichaamsverzorging. Volgens de vier evangelisten was het dat graf waarin de Gekruisigde, in een lijkwade van Arimatea gewikkeld, op een stenen bank voor verdere verzorging werd neergelegd.

Eigenlijk was een *sindon*, de Grieks-Latijnse naam voor de lijkwade, niet noodzakelijk een lijkwade. Als een rechthoekige witlinnen doek van circa 4m30 op 1m10 kon een sindon, gewoon een duur lijnwaad, meerdere doelstellingen dienen. Zo tooiden vooraanstaande Joden zich wel eens met een sindon door het lijnwaad rond hun lichaam te wikkelen en er zich volledig in te verbergen. Een prominent voorbeeld van soortgelijke sindon was de linnen doek die een jongeman luidens het Marcusevangelie bij de arrestatie van de Nazarener in de hof van Gethsemane om het blote lichaam had geslagen. 'Ze grepen hem, maar hij liet zijn kleed in de steek en vluchtte naakt weg' (Mc 14,51-52). Ook dat kleed werd door Marcus een sindon genoemd.

Feit is dat een sindon zich uitstekend leende voor een lijkwade. In de lengte kon het perfect dienen om er een overledene op neer te leggen, de voeten aan de ene kant van de lijkwade, het hoofd bij het midden, om het lichaam naderhand met 'de tweede helft' te bedekken. Alleen op die manier kon het lichaam van een afgestorvene in één doek en in één beweging helemaal omvat worden.

Weliswaar werden op de lijkwade van Turijn ook katoenvezels ontdekt, zeker door de Gentse professor Gilbert Raes (1914-1995). Raes, die in 1973 bij het lijkwade-onderzoek betrokken werd, was nu eenmaal een autoriteit in katoenvezels aan het Gentse Instituut voor Textieltechnologie. Die katoenvezels kunnen erop wijzen dat op hetzelfde weefgetouw zowel vlas- als katoengaren geweven werd, maar geen wolgaren. Dat onderscheid was vooral voor de Joodse wereld van cruciaal belang. Anquetil sluit niet uit dat de wever een Jood was. Volgens de Franse historicus van de weefkunst mochten plantaardige vezels – zoals vlas en katoen – ook voor Joden vermengd worden, maar geen wolvezels, want die zijn van dierlijke origine. Stoffen van plantaardige en dierlijke afkomst moesten voor de Joodse tradities absoluut gescheiden blijven. In voorkomend geval, een contaminatie van plantaardige en dierlijke vezels, was de stof 'onrein' en zou geen Jood zich eraan bezoedeld hebben.

Tot daar de stof waaruit de lijkwade bestaat. Volgens Boie was ze 'ivoorkleurig, maar zacht en lichtglanzend gebleven'. Daar is, los van het dateringsprobleem, weinig discussie over. Veel controversiëler is de *afbeelding* die op de lijkwade te zien is. Een afbeelding is veel gezegd. Zo was het Byzantijns keizerlijk hof al in 944, toen de lijkwade naar verluidt in Constantinopel arriveerde, ontgoocheld dat 'er zo weinig te zien was'. Het hof had een schitterende beeltenis van een indrukwekkende Verrezene verwacht, niet de flauwe, strogele, roestbruine of sepiakleurige afdruk van een gekruisigde. Dat moesten later ook vele pelgrims ervaren toen ze, soms na een lange pelgrimstocht, de lijkwade te zien kregen. Blijkbaar kon je alleen 'op de juiste afstand' er de zwakke afdruk van een mannelijke want gebaarde gekruisigde in zien.

Verrassend genoeg, want dat hadden ze in 944 in Constantinopel evenmin verwacht, was de gekruisigde in zijn volle naaktheid op de lijkwade 'te zien'. En de verbazing steeg ten top toen de eerste geregistreerde toeschouwers beseften dat de vreemde afbeelding tegelijk de voor- en de achterkant liet zien van een circa 1m80 lange man. Beide kanten evenwichtig en bijna symmetrisch verdeeld over de twee helften van het 4m30 lange doek, 'de beide hoofden' in het centrale gedeelte tegenover elkaar. Dat kon uitsluitend betekenen dat het effectief om een lijkwade ging en dat de afgestorvene op de ene helft van het linnen werd neergelegd, de handen zedig over zijn geslachtsdelen gevouwen, waarna hij de andere helft over zich heen kreeg. Dat bewijzen ook de talrijke geschilderde kopieën van de lijkwade in latere tijden. Een schilderij was de monochrome afbeelding zeker niet. Elke schilder zou een veel duidelijker afdruk geschilderd hebben. Wat het dan wel was, zou in de 20ste eeuw het voorwerp uitmaken van het meest uitvoerig wetenschappelijk onderzoek dat ooit aan een relikwie gewijd werd.

Bizar aan die flauwe afdruk van een gekruisigde, sinds 1532 ontsierd door tal van brandplekken die de opgevouwen lijkwade over de hele lengte onherstelbaar domineren, is dat de lijkwade met onvoorstelbare precisie de wonden markeert die de gekruisigde volgens de vier evangelies toegebracht werden. De nagels in handen en voeten, de doornenkroon, de geseling, de diepe wonde in zijn rechterzijde (door een speer doorboord), de kniekneuzingen bij zijn zoveelste val op weg naar Golgotha. Nochtans volgden de Romeinse soldaten bij een kruisiging geen vast patroon. Het blijkt niet zo dat elke kruisiging voorafgegaan werd door een systematische geselpartij en zeker niet dat de te kruisigen man een doornenkroon of kap op het hoofd werd geramd.

Zo suggereerde Boie dat de Nazarener wellicht twee keer werd aangeklaagd en veroordeeld. Een eerste keer op basis van een aanklacht waarvoor hij ten dode werd afgeranseld, een tweede keer op basis van een aanklacht waarvoor hij gekruisigd werd. In die zin is de afbeelding op de lijkwade even uniek als de gekruisigde Nazarener zelf. Zo heeft de wereldliteratuur nooit een kopie opgeleverd van een gelijkaardige kruisiging. En er werd nimmer een linnen doek gevonden, ook geen lijkwade, met een soortgelijke afdruk. Laat staan een dubbele afdruk van een gekruisigde.

Een geschilderde afbeelding is het zeker niet. Nooit werd op de lijkwade ook maar een spoor van verf aangetroffen. Zelfs niet van rode of gele oker, een pigment dat al in de prehistorie gebruikt werd voor grotschilderingen of rotstekeningen. Zo merkte de

Amerikaanse medicus Gilbert Lavoie (1921-2005) op dat de afbeelding maar één vezel diep zit en dat 'alleen de bovenste vezels van de draden de vergeling vertonen die de afbeelding deden ontstaan', een effect dat geen verf ooit te zien gaf. Evenmin werden op het lijnwaad ooit sporen gevonden van borstelstreken, wat wijst op een vezelverkleuring die niet met borstel of penseel werd aangebracht.

Hoe een *geschilderde* lijkwade er dan wel uitziet en waarin die van het origineel verschilt, blijkt overigens uit tientallen geschilderde kopieën van de lijkwade, kopieën waarvan er één te vinden is in de Lierse Sint-Gummaruskerk. Weliswaar gaat het in Lier om een fors verkleinde kopie uit 1516, mogelijk vervaardigd in opdracht van Margaretha van Oostenrijk, een tante van keizer Karel V. Margaretha was niet alleen landvoogdes in de Nederlanden maar tevens de weduwe van hertog Philibert II van Savoie, de toenmalige eigenaar van de echte lijkwade. Op die van Lier zijn de borstel- of penseelstreken wel duidelijk te zien. Ook kon in dit geval achterhaald worden dat een geelbruine verf gebruikt werd, wellicht op basis van eiwit, naast een donkerder kleur op basis van houtskool.

Wat er op de lijkwade te zien is, lijkt daarom een strogele of roestbruine verkleuring van oppervlakkige vlasvezels die samen de figuur van een gekruisigde vormen. Zo toont de lijkwade volgens de Antwerpse chemicus en sindonoloog Remi Van Haelst 'ontelbare bruinrode wonden', alleen al voor de zichtbare delen van het hoofd een zestigtal. Volgens Boie gaat het om 200 duidelijk zichtbare verwondingen van de huid, veelal sporen van geselslagen, nagelwonden, doornenkroon of lanssteek. Verwondingen die zoveel overeenkomsten met de vier lijdensverhalen vertonen dat de lijkwade wel eens 'het vijfde evangelie' genoemd werd.

2

De meest bekende relikwie

Onmiskenbaar is de lijkwade van Turijn de meest bekende, de meest beruchte, de meest ernstige en de meest onderzochte christelijke relikwie. Relieken of relikwieën zijn overblijfselen – in het Latijn *reliquiae* – van vereerde heiligen of van voorwerpen waarmee ze in contact kwamen. In het christendom, het hindoeïsme en het boeddhisme spelen relikwieën een belangrijke rol, niet in het jodendom. Moslims zijn op dit punt verdeeld. Zo vereren sjiieten de twaalf graven van hun imams, sommige soennieten vereren andere relikwieën. Heel vaak verwijzen relikwieën naar martelaars. Zo was het een vroegchristelijke gewoonte om de liturgie te vieren boven het graf van martelaren, of aan een altaar waaronder relikwieën geplaatst werden.

Sommige auteurs onderscheiden relikwieën van de eerste, de tweede en de derde graad. Al naargelang het gaat om een lichaamsdeel van een heilige (1), een kledingstuk dat hem toebehoorde (2) of een voorwerp dat met een heilige in contact is geweest (3). In die zin is de lijkwade een relikwie van derde categorie, al bevat die mogelijk een directe lichaamsafdruk en bloedsporen – *lichaam en bloed* – van de gekruisigde Nazarener. Bovendien geldt de lijkwade, voor zover ze authentiek wordt bevonden, als de oudste christelijke relikwie. Al zijn er christelijke relikwieën die qua vermeende ouderdom en oorsprong met de lijkwade concurreren.

Dat is onder meer het geval met enkele zweetdoeken, soms niet groter dan een zakdoek, die op miraculeuze wijze het gelaat van de gekruisigde zouden weergeven. De meest bekende zweetdoek is wellicht die van Veronica, het zijden doek waarmee ene Veronica op Goede Vrijdag op weg naar Golgotha het gelaat van de nog levende Nazarener zou afgeveegd hebben. Met het bekende gevolg dat een afdruk van 'zijn heilig gelaat' op het zweetdoek te zien was. Het blijft een overbekende scène uit de christelijke iconografie, sinds de geste van Veronica als 'de zesde statie' in de latere kruisweg werd opgenomen.

Nochtans wordt die scène door geen van de erkende evangelies vermeld en blijft de historische Veronica een raadsel. Alleen in de apocriefe *Handelingen van Pilatus* wordt ze gelijkgesteld met de vrouw die in drie van de vier evangelies 'al twaalf jaar lang aan bloedvloeiing leed' en die door de Nazarener genezen werd toen ze 'de zoom van zijn mantel aanraakte'. Volgens kerkhistoricus Eusebius, maar dan zijn we al in de 4de eeuw, kwam de vrouw uit Caesaria-Filippi, op de Golanhoogte. En volgens de *Handelingen der heiligen of Acta Sanctorum*, die sinds de 17de eeuw de kritische uitgave van heiligenlevens verzorgt, was Veronica of Berenice 'een christen uit Jeruzalem, die Jezus Christus op zijn kruisweg naar Golgotha een doek aanbood om het zweet en bloed van zijn gezicht te vegen'. Andere auteurs kennen haar als 'Veronica van Jeruzalem', soms ook Bernike of Berenice genoemd. Zo is er een traditie die Veronica gelijkstelt met de Berenice of Bernike die in de Handelingen van de Apostelen optreedt als een zus van de Joodse koning Herodes Agrippa II.

Veel waarschijnlijker is dat de naam Veronica in deze context geen persoonsnaam viseert, maar verwijst naar *Vera Icona*, een Grieks-Latijnse vermenging voor 'de ware afbeelding of icoon' van het gelaat van de gekruisigde. Over de eerste duizend jaar van de zweetdoek van Veronica valt overigens weinig te zeggen. Dat het zweetdoek al in apostolische tijden in Rome terechtkwam, waar het kleinood keizer Tiberius van de lepra zou genezen hebben, is weinig waarschijnlijk. De zweetdoek van Veronica zou pas in 1297 in Rome opgedoken zijn, waar het kleinood later in het Vaticaan bewaard werd, maar zelden getoond. Mogelijk is het doek al in 1506, in uiterst rumoerige tijden onder de krijgshaftige paus Julius II, weer uit Rome verdwenen. Ontelbare kunstenaars hebben ook Veronica en/of haar zweetdoek in schilderijen of etsen vereeuwigd.

Wat er dan wel met het doek van Veronica gebeurde, bleek pas op 1 augustus 2006, toen paus Benedictus XVI als eerste paus ooit het kapucijnerklooster van Manoppello bezocht, een dorp ten westen van Pescara, in de Abruzzen. Daar werd in de kerk van de *Volto Santo* (het Heilig Gelaat) in de zomer van 2006 de vijfhonderdste verjaardag gevierd van 'de verhuizing' van de zweetdoek van Veronica, in 1506, van Rome... naar Manoppello. Naar eigen zeggen betekende deze pelgrimage voor Benedictus niet 'dat hij de authenticiteit van de reliek erkent'. Wel dat 'wij allen op zoek zijn naar het Aanschijn des Heren. Dat is de betekenis van mijn bezoek aan Manoppello'. Ironisch genoeg was het een Duitse kunsthistoricus, Heinrich Pfeiffer (ook paus Benedictus is een Duitser), die in 1999 het Veronicadoek in Manoppello zou teruggevonden hebben. Sinds 2006 is de kerk van de Volto Santo een basiliek, een Vaticaanse onderscheiding voor een kerk met een bijzondere betekenis.

Een gelijkaardige zweetdoek als die van Veronica is het *sudarium* van Oviedo, in het Spaanse Asturië. Daar wordt sinds 840 in een kapel van de kathedraal van San Salvador een zweetdoek met afbeelding van het gezicht van de Nazarener bewaard. In 840 liet de toenmalige koning van Asturië, Alfonso II, er een *arca santa* (of heilige ark) voor ontwerpen. In Oviedo wordt aangenomen dat het zweetdoek (83x52 cm, in dit geval de grootte van een kleine handdoek) in 614, nog voor de opkomst van de islam, door vluchtende christenen vanuit Jeruzalem werd meegenomen, om via Noord-Afrika in Spanje te belanden. 614 was het jaar dat Jeruzalem op de meest gruwelijke wijze door een Perzisch leger werd ingenomen. Sinds 1978 werd ook de zweetdoek van Oviedo voorwerp van wetenschappelijk onderzoek, zij het op beperkte schaal. Zo werd met een elektronenmicroscoop vastgesteld dat de draden die gebruikt zijn voor het weven van het zweetdoek geheel overeenkomen met die van de lijkwade.

Tot de categorie van de lijkwade en de zweetdoeken behoort ook 'de heilige rok' – *Der Heilige Rock* – die sinds de vierde eeuw in Trier vereerd wordt. Aan de basis hiervan ligt het verhaal, opgetekend door evangelist Johannes (19, 23-24), dat de soldaten die Jezus gekruisigd hadden, zijn kleren namen en die onder elkaar verdeelden, met uitzondering voor de lijfrok 'die echter zonder naad was, als één stuk geweven'. 'Daarom zeiden ze tot elkaar: laten we die niet scheuren, maar er om loten wie hem krijgt.' Volgens een oude traditie was het de heilige Helena, de moeder van keizer Constantijn en een verwoede verzamelaarster van christelijke relikwieën, die de rok in de 4de eeuw naar Trier bracht. Trier was in die jaren een van de toenmalige hoofdsteden van het laatromeinse rijk. Daar werd de rok aanvankelijk ingemetseld in de Dom van Trier. Maar die chronologie blijft dubieus. Een eerste geschreven verwijzing naar de heilige rok kwam er pas in de 12de eeuw, in de *Gesta Treverorum*. En pas in 1512 werd de rok voor het eerst getoond, op vraag van keizer Maximiliaan I. In de 18de eeuw werd het schrijn met de heilige rok in een speciaal daarvoor gebouwde kapel van de Dom opgeborgen. Nog altijd wordt de relikwie zelden tentoongesteld.

En er zijn de vele relikwieën van 'het heilig bloed' van de Nazarener, bloed dat naar verluidt onder het kruis opgevangen werd door Jozef van Arimatea. Voor middeleeuwers, verzot op relikwieën, was dat heilig bloed de max en een relikwie die nog hoger aangeslagen werd dan de lijkwade. Een bekende site waar sinds de 12de of 13de eeuw het heilig bloed vereerd wordt, is Brugge, in de

Heilig-Bloedbasiliek. Maar Brugge heeft op dit punt diverse rivalen zoals de Franse benedictijner abdij van de heilige Drievuldigheid van Fécamp (Normandië) en de Sint-Jacobuskerk in het Beierse Rothenburg ob der Tauber. Een geval apart was de Sainte-Chapelle in Parijs van de Franse koning Lodewijk IX de Heilige, waar de heiligste kruisvaarder ooit 'de doornenkroon, fragmenten van het Ware Kruis, de spijkers, de lans, de spons, de zweetdoek en het purperkleed' van de gekruisigde bewaarde. Relikwieën die evenwel tijdens de Franse Revolutie verloren gingen.

Overigens werd ook het Brugse bloed door kruisvaarders vanuit het Oosten naar het Westen afgevoerd. Een oude legende wil dat Diederik van den Elzas, graaf van Vlaanderen, de heilig-bloedrelikwie al in 1150, ten tijde van de tweede kruistocht, meebracht naar Brugge. Veel waarschijnlijker is dat bewuste relikwie pas in de vroege 13de eeuw vanuit Constantinopel als oorlogsbuit naar Brugge verdween. Nadat de grootste stad van de christenheid in 1204 door Latijnse kruisvaarders gruwelijk geplunderd en leeggeroofd werd. Een van die plunderaars was overigens een andere graaf van Vlaanderen, Boudewijn IX, de man die in 1204 in Constantinopel door de kruisvaarders geïnstalleerd werd als de eerste Latijnse keizer van het Byzantijnse rijk. Wel was het Diederik van den Elzas die al in de jaren 1134-1157 in Brugge de Sint-Basiliuskapel liet bouwen, de huiskapel van de graven van Vlaanderen, waarin de heilig-bloedrelikwie later werd ondergebracht.

De meest bizarre christelijke relikwie die naar de Nazarener verwijst, is echter *de heilige lans* of speer. De lans waarmee een Romeinse soldaat, om er zeker van te zijn dat de gekruisigde wel dood was, zijn rechterzijde zou doorboord hebben. 'En terstond kwam er bloed en water uit'. Bizar omdat de heilige lans eeuwenlang de meest geliefkoosde en de meest martiale relikwie was van Europese vorstenhuizen, die de lans vereerden als het meest verheven symbool van hun machtsaanspraken. Weer doken in Europa diverse centra op waar de heilige lans vereerd werd. De grootste kanshebbers als behoeders van de heilige lans waren de koningen en keizers van het Heilige Roomse Rijk, een rijk dat van de late 10de tot de vroege 19de eeuw bijna duizend jaar lang de geesten beroerde. Eeuwenlang was die lans het koningsstuk van de *Reichskleinodiën* in de schatkamer van de Weense Hofburg. De relikwie was zo imponerend en zo symbolisch geladen dat zelfs Hitler er verzot op was. Ervan overtuigd dat het de heilige lans was die het Derde Rijk onoverwinnelijk zou maken.

Maar er doken ook andere gegadigden op om de heilige lans te claimen. Franse gegadigden die *het* symbool van hun machtsaanspraken in de *Sainte Chapelle* van de heilige Lodewijk IX (in Parijs) opeisten, tot de lans er tijdens de Franse Revolutie verdween. Maar ook Polen dat omstreeks het jaar 1000 van de toenmalige keizer Otto III een kopie van de heilige lans kreeg, later opgeborgen in de kathedraal van Krakow, aan de Wawel. De kathedraal waar eeuwenlang alle Poolse koningen werden gekroond en begraven. Tegelijk wordt ook in Rome, onder de koepel van de Sint-Pietersbasiliek, een heilige lans vereerd. In dit geval zou het gaan om een geschenk van de Turks-Osmaanse sultan, in de 15de eeuw, om paus Innocentius VIII gunstig te stemmen. En er is de heilige lans van Ejmiatsin of Etchmiadzin, het heiligdom van de *katholicos* of hoogste leider van de Armeense christenheid, nabij de Armeense hoofdstad Jerevan, waar van oudsher een lans vereerd wordt.

Alleen konden al die varianten nooit de lijkwade van Turijn vervangen. Het bleven varianten van de enige relikwie die zich wel degelijk op de apostolische tradities kon beroepen. De tradities van de lijkwade, al werd die traditie naderhand door de meest martiale variant gerecupereerd.

3

Een kwestie van terminologie

Het meest verwarrend aspect van zoveel lijkwades en zweetdoeken is een kwestie van terminologie. Van oudsher worden voor de lijkwade twee termen gebruikt, afgeleid van de Griekse termen *sindon* en *soudarion*, alsof het synoniemen zijn. Zo verwijst de lijkwade in diverse talen naar deze termen: de *Santa Sindone* in het Italiaans, *La Sabana Santa* maar ook *La Sindone de Turin* of *El Sudario de Turin* in het Spaans, de *Santo Sudario* in het Portugees, *Le Saint Suaire* maar ook *Le Linceul du Christ* in het Frans. Het Duits houdt het bij *Das Turiner Grablinnen* of *Das Turiner Grabtuch*, het Engels bij *The Turiner Shroud* of kortweg *The Shroud*. In de twintigste eeuw lag de term *sindon* aan de basis van de sindonologie, naam voor alle wetenschappers die ooit de lijkwade onderzochten.

De verwarring gaat terug op de oudste getuigen van de graflegging van de Nazarener, de vier evangelisten. Alle vier schreven ze hun evangelie in het Grieks. Drie van hen – Mattheus, Marcus en Lucas – omschrijven de lijkwade met de term *sindon*. Mt 27,59-60: 'Jozef nam het lichaam, wikkelde het in een smetteloze lijkwade en legde het in zijn graf dat hij pas in de rots had laten uithouwen.' Mc 15,46: 'Jozef kocht een lijkwade, nam Hem af van het kruis en wikkelde Hem in de lijkwade.' Lc 23,54: 'Na het lichaam van Jezus van het kruis genomen te hebben, wikkelde hij het in een lijkwade.' Alleen evangelist Johannes heeft het niet over een *sindon* maar over een *soudarion*. Joh 19,40: 'Ze namen het lichaam van Jezus en wikkelden het met de welriekende kruiden in zwachtels (*othonia*), zoals bij een Joodse begrafenis gebruikelijk is.' Met zwachtels (*othonia*) of windels (*keiriai*) kon Johannes niet de lijkwade bedoelen. Dat blijkt uit de latere verzen 20,7-8, die beschrijven hoe Petrus als eerste het lege graf betrad: 'Simon Petrus zag dat de zwachtels er lagen, maar dat de zweetdoek (*soudarion*) die zijn hoofd had bedekt, niet bij de zwachtels lag, maar ergens afzonderlijk opgerold op een andere plaats.'

Over het verschil tussen *sindon* en *soudarion* en over de afwijkende terminologie van het Johannesevangelie werden vele boeken geschreven. Mogelijk had de term *sindon*, verwant met het Hebreeuwse *sadin*, het Egyptische *sindut* of *sindyt* en zelfs het Sanskriet *sindhu* – in eerste instantie betrekking op het linnen zelf, het fijnste en duurste linnen, en niet zozeer op de vorm. Een doek die voor diverse doeleinden kon gebruikt worden. De term *sindon* komt al voor bij Sophocles, Herodotus en Thucydides, alsook in de Septuagint, de oud-Griekse vertaling van de Hebreeuwse Bijbel. Volges Boie is *sindon* in dit verband gewoon het Griekse woord voor lijkwade, terwijl het Latijn eerder de term *sudarium* zou verkiezen. Dat onderscheid overtuigt niet, omdat het Latijnse *sudarium* is afgeleid van het Griekse *soudarion* of het Aramese *soudara*, niet van sindon. De conclusie van vele sindonologen is dat *sindon* en *soudarion* eeuwenlang synoniemen waren, die beiden betrekking konden hebben op een kleed, een mantel, een lijkwade of een zweetdoek. Een conclusie die weinigen zal overtuigen omdat niemand de zweetdoeken van Oviedo of Veronica lijkwades zal noemen.

Wat de verwarring nog in de hand werkte is de even onduidelijke omschrijving van het Griekse *mandylion*. Dat was sinds de 6de eeuw de Griekse benaming van een lijkwade, mogelijk de latere lijkwade van Turijn, die eeuwenlang in de stad Edessa bewaard werd. Edessa was een stad in het toenmalige Syrië, vandaag in het zuidoosten van Turkije. Vandaar dat het *mandylion* ook omschreven werd als 'het kleed' of 'het portret' van Edessa. De eigenaardigheid van het *mandylion* was dat het zeer waarschijnlijk om een lijkwade ging, met afbeelding van de gekruisigde, van circa 4m30 op 1m10. Maar die lijkwade was in Edessa vrijwel nooit in zijn geheel te zien. Ze werd in de lengte in acht gelijke lagen gevouwen – in het Grieks *tetradiplon*, vier keer dubbel gevouwen – maar zo dat op de bovenste laag uitsluitend het gezicht van de man op de lijkwade te zien was. Overigens werd het aldus verkregen pakket van circa 1m10 op 54cm er bewaard in een houten schrijn dat uitsluitend 'het ware gelaat' van de gekruisigde liet zien. Zo gezien, zag de lijkwade eruit als een zweetdoek. En omdat van het ware gelaat ongetwijfeld geschilderde kopieën gemaakt werden, gingen die kopieën een eigen leven leiden. Eveneens onder de naam *mandylion*, want een gedeeltelijke kopie van het *mandylion* van Edessa.

Dat is alvast de mening van Jacques Anquetil, die volhoudt dat het mandylion *niet* de lijkwade was maar een linnen doek, niet groter dan een zweetdoek. Kortom, volgens Anquetil werden in het toenmalige Edessa twee kostbare relikwieën van de Nazarener bewaard: het kleed van Edessa (de echte lijkwade) en het mandylion. Als dat waar is, verhuisden beide relikwieën in 944 van Edessa naar Constantinopel. Daar bleven ze tot ze in 1204 spoorloos verdwenen. Volgens Anquetil werd de lijkwade later teruggevonden, maar het mandylion verdween voorgoed in dat jaar.

Een sindonoloog die het met deze voorstelling van zaken niet eens is, is de Brits-Australische historicus Ian Wilson (1941-). Misschien is Wilson niet de beste, hij is wel de meest productieve historicus van de lijkwade. Alvast blijft Wilson ervan overtuigd dat met het *mandylion* wel degelijk de lijkwade bedoeld werd, maar 'zo gevouwen dat alleen het gelaat van de gekruisigde te zien was'. Zoals Wilson ook van mening blijft dat het om dezelfde lijkwade gaat die we vandaag kennen als de lijkwade van Turijn.

Vraag blijft of het dezelfde lijkwade is die in het Johannes-evangelie beschreven wordt. Het antwoord op die vraag vergt niet alleen een nauwkeuriger lezing van het vierde evangelie maar ook enige kennis van Joodse begrafenisrituelen ten tijde van Jezus van Nazareth en Jozef van Arimatea. Dat lijkt op het eerste zicht een nodeloze zijstap. Vermits Johannes er als enige op wijst dat het lichaam van de Nazarener behandeld werd 'zoals dat bij een Joodse begrafenis gebruikelijk is'.

Voor alle duidelijkheid is Johannes de enige evangelist die ook een tweede begrafenis beschrijft, de begrafenis en opwekking van zijn boezemvriend Lazarus, door Johannes beschreven als 'de broer van Maria, de vrouw die de Heer met geurige olie had gezalfd, en Martha' van Bethanië (Joh 11,1-44). Ook in dit geval is sprake van zwachtels of windsels (in dit geval *keiriai* genoemd) en van een *soudarion* (of zweetdoek). 'De gestorvene kwam naar buiten, handen en voeten met zwachtels gebonden en met een zweetdoek om zijn gezicht.' Van iets dat op een lijkwade (of *sindon*) lijkt, is in dit geval geen sprake. Al maakt Johannes een subtiel onderscheid tussen het *soudarion* bij Lazarus en bij de Nazarener. Bij Lazarus gaat het om 'een zweetdoek om zijn gezicht', mogelijk een gewone kinband die de kaken van de afgestorvene bij elkaar hield voordat de lijkverstijving intrad. Bij de Nazarener omschrijft Johannes het *soudarion* als 'de zweetdoek die zijn hoofd had bedekt', zoals ook een lijkwade dat doet. Alsof een *soudarion* toch twee betekenissen kan hebben, een klassieke zweetdoek of een lijkwade. Ook de opmerking van Johannes dat het *soudarion* in het lege graf opgerold werd teruggevonden, wijst eerder op een heuse lijkwade dan op een zweetdoek die uitsluitend het gezicht van de Nazarener zou bedekt hebben.

Eigenlijk weten we niet zo veel over de begrafenisrituelen in toenmalige Joodse gemeenschappen. Vast staat dat het lichaam niet gecremeerd en evenmin gebalsemd of gemummificeerd werd. Niets mocht de natuurlijke ontbinding van het lijk vertragen of verhinderen. In vele gevallen was het een begrafenis in twee stappen, met een soms lange tussentijd. In eerste instantie werd het beklede lichaam in een open nis of *kok* geschoven, een in de rotsen uitgehakte oven of grafgat van circa 50 cm breed, 80 cm hoog en 200 cm diep. Vergelijkbaar met de grafgaten in de Romeinse catacomben, letterlijk holen (*catacumba*) of onderaardse grafkamers waarin generaties van Romeinse christenen later bijgezet werden. Eventueel werden de botten/beenderen later een tweede keer begraven, deze keer in een klein stenen kistje, een knekelkist of *ossuarium* van hooguit 50 cm lengte. Ook die ossuaria werden later in diverse catacomben teruggevonden.

Vooral Gilbert Lavoie heeft de Joodse begrafenisrituelen in dit verband treffend beschreven. Zo werd het lichaam voor de begrafenis gewassen, een bijna universeel ritueel, en met geurige oliën gezuiverd. Daarna werd het met witlinnen doeken bekleed en in een grafgat geschoven. Die bekleding was zelden een heuse lijkwade en ze was voor vele Joden gewoon onbetaalbaar. Veel vaker was sprake van een hoofddoek, een broek, een hemd en een sjaal, bij voorkeur in witlinnen. Of zwachtels of windsels tot de geijkte rituelen behoorden is minder duidelijk, al kunnen ze niet uitgesloten worden. Want vaststaande regels voor een Joodse begrafenis werden pas later opgetekend in de Talmoed, het Joodse boek dat de mondelinge overlevering en commentaren op de Thora bundelt.

Wel merkte Lavoie op dat de graflegging van de Nazarener geen normale begrafenis was. Zo werd de man gekruisigd op een vrijdag, een dag voor de sabbat die volgens Joodse gebruiken al op vrijdagavond begon. Bovendien was het *een grote sabbat*, die samenviel met het Joodse paasfeest. De graflegging was dus een rush tegen de tijd, zodat uitsluitend voorlopige maatregelen konden getroffen worden. In die omstandigheden is het weinig waarschijnlijk dat het lichaam van de Nazarener kon of mocht gewassen worden. Niet *kunnen*, was een kwestie van tijd. Niet *mogen* was een kwestie van Joodse reinheidsvoorschriften. Want het ging om het zwaar toegetakelde en bloedende lichaam van een gekruisigde.

Zo is Lavoie van oordeel dat het lichaam van een gekruisigde volgens Joods gebruik niet mocht gewassen worden omdat 'het bloed dat vloeit op het ogenblik van het overlijden niet mag afgewassen worden'. Omdat 'het bloed behoort tot het lichaam en er in de dood niet van mag gescheiden worden'. Het bloedende lichaam moest daarom in een kleed gewikkeld worden, even onrein als de afgestorvene zelf, om met dat kleed in een grafgat te worden bijgezet. In geen geval mocht iemand dat kleed, of andere bebloede kledingstukken, ooit nog aanraken. Het bleef even onrein als de afgestorvene zelf. En wie, noodzakelijkerwijze, toch een lijk of een gebruikte lijkwade moest aanraken, moest eerst ritueel gereinigd worden voordat hij zijn normale leven kon hervatten.

Misschien kan die laatste overweging verklaren waarom de vier evangelisten en overigens ook de apostelen en de jonge kerk zo weinig informatie gaven over die lijkwade. Omdat de situatie voor gelovige Joden een dilemma inhield. Als het om een echte lijkwade ging, een linnen doek waarin effectief een lijk had gelegen, konden ze er in geen geval over beschikken. Ze mochten het linnen zelfs niet aanraken. Toch wisten ze tegelijk dat Hij verrezen was en Hij nog veertig dagen lang – tot hemelvaart – onder hen zou vertoeven. Maar was het in dat geval wel een lijkwade waarover ze beschikten? Aan dat dilemma kon geen gelovige Jood ontkomen, zelfs niet als hij zich later christen noemde. Daarmee verdween de lijkwade, als we aannemen dat ze effectief het lichaam van de Nazarener had omvat, voor vele eeuwen in een schemerzone.

4

Een Frans verhaal

Waar vrijwel alle sindonologen het over eens zijn, is dat de lijkwade in 1357 het eerst opdook in Lirey, een godvergeten dorp in de Franse Champagnestreek, op 20 kilometer van de stad Troyes. 1357 was het jaar dat Jeanne de Vergy, de weduwe van Geoffrey de Charny, in Lirey voor het eerst de lijkwade tentoonstelde. Wie was Jeanne de Vergy? In 1357 was ze de weduwe van Geoffroy de Charny (1300?-1356), een kompaan en zelfs vaandeldrager van de Franse koning Jean II de Goede. Als vaandeldrager droeg hij in 1356 op het slagveld de *Oriflamme*, de Franse oorlogsvlag die in vrediger tijden bewaard werd in de Parijse basiliek van Saint-Denis, de begraafplaats van alle Franse koningen. Tijdens de beruchte veldslag bij Poitiers, waar op 19 september 1356 een groot Frans leger door een Engelse legermacht in de pan werd gehakt, viel ook Geoffroy onder de talrijke gesneuvelden.

Als heer van stand bracht Geoffroy (graaf van Charny, de heer van Lirey, Savoisy en Montfort en een van de eerste ridders van de Franse *Ordre de l'Etoile*) zijn hele leven door in legerkampen of garnizoenen. Van 1337 tot 1356 speelde hij een actieve rol in de eerste fase van de Honderdjarige Oorlog tussen Frankrijk en Engeland. Hij werd twee keer door de Engelsen gevangengenomen maar kon zich telkens weer vrijkopen. Er tussendoor sloot hij zich in 1345-1346 aan bij een late kruistocht om de hospitaalridders, belegerd door de Turken, in de stad Smyrna te ontzetten. Volgens Marguerite de Charny, een kleindochter van Geoffroy en Jeanne de Vergy, kreeg hij in Smyrna van de dankbare hospitaalridders de lijkwade mee om die in Frankrijk in veiligheid te brengen.

Al dan niet in het bezit van de lijkwade vatte Geoffroy de Charny al in 1349, met een jaargeld van de Franse koning en de zegen van de paus, de bouw aan van een kapittelkerk of stiftskerk in Lirey, zijn toenmalige heerlijkheid. Een stiftskerk was 'een collegiale kerk' met een college van kanunniken, een niet-monastieke of seculiere gemeenschap van geestelijken. Veelal was het een rijke geldschieter of sponsor die voor hun onderhoud instond. Het is in die kerk dat Geoffroys weduwe, later hertrouwd met een rijke edelman uit Genève, de lijkwade in 1357 voor het eerst op Europese bodem tentoonstelde. Ter attentie van de vele pelgrims die ervoor naar Lirey zouden komen.

Als de lijkwade al eerder bestond, waren weinigen daarvan op de hoogte. Nog minder hadden ze ooit gezien. Het is dan ook niet zo vreemd dat de toenmalige bisschop van Troyes, Henri de Poitiers, al snel die nieuwe tentoonstelling verbood. Omdat 'hij nog nooit van de lijkwade gehoord had' en 'een zo flauw schilderij' wel een vervalsing moest zijn. Of vreesde de bisschop voor zijn eigen inkomsten als zoveel pelgrims eerder naar Lirey dan naar Troyes zouden afreizen? Gelukkig had Jeanne de Vergy, zelf een telg van een adellijk geslacht uit de stad Besançon eigendommen genoeg om haar lijkwade in onder te brengen. Volgens Anquetil verborg ze het lijnwaad van 1360 tot 1389 in het versterkt kasteel Montfort-en-Auxois, eveneens een vastgoed van haar overleden echtgenoot.

Met de zegen van tegenpaus Clemens VII, van 1378 tot 1394 de paus van Avignon terwijl Urbanus VI van 1378 tot 1389 de paus van Rome was, bracht de oude Jeanne de Vergy de lijkwade in 1389 terug naar Lirey, om er weer tentoongesteld worden. Clemens VII, alias

Robert van Genève, en Jeannes toenmalige echtgenoot Aymon van Genève waren neven, zodat Clemens de vertoning van de lijkwade welgezind was. Eens te meer was dat niet het geval voor de nieuwe bisschop van Troyes, Pierre d'Arcis. Ofschoon d'Arcis de lijkwade nooit gezien had, bleef hij het in een berucht memorandum 'een geschilderde vervalsing' noemen, een afbeelding 'niet vermeld in de evangelies' en 'alleen gemaakt om de gelovigen het geld uit hun zakken te kloppen'.

Blijkbaar liep het geschil in 1389 zo hoog op dat de Franse koning Karel VI, aldus Wilson en Anquetil, op 4 augustus 1389 zijn plaatselijke vrederechter de opdracht gaf om de lijkwade in beslag te nemen en onder koninklijke bescherming te plaatsen. Tot paus Clemens VII op 6 januari 1390 vanuit Avignon een eerste bul schreef met zijn officiële toestemming om de lijkwade tentoon te stellen. Zij liet onder de voorwaarden 'dat het kapittel de pelgrims zou vertellen dat het slechts ging om een voorstelling of afbeelding van de Heilige Lijkwade van Onze Heer Jezus Christus' en dat 'de deken en het kapittel tijdens de tentoonstelling geen liturgische gewaden zouden dragen'. Daar kon ook de Franse koning mee leven, zodat die zich bij het verdict van Clemens VII aansloot.

Of de lijkwade in de jaren 1390-1418 effectief in Lirey is gebleven, valt niet te achterhalen. Over de tweede hoeder van de lijkwade, Geoffroy II de Charny, een zoon van Geoffroy I en Jeanne de Vergy, is weinig bekend, omdat Geoffroy II in 1396 optrok met een desastreuse kruistocht tegen de Turken, met de zeldzame zegen van de paus van Rome en die van Avignon. Bij Nicopolis aan de Donau werden ze vernietigend verslagen. Een doodzieke Geoffroy zou nog naar Frankrijk teruggekeerd zijn, maar is korte tijd later overleden. In 1398 stierf ook Jeanne de Vergy. Daarmee kwam de lijkwade voor bijna een halve eeuw onder de hoede van haar kleindochter Marguerite de Charny, dochter van Geoffroy II.

In uiterst verwarde tijden, tijden met twee en zelfs drie pausen, de zwarte pest en de meest bloedige decennia van de Honderdjarige

Oorlog die vrijwel uitsluitend op Franse bodem werd uitgevochten, heeft Marguerite wonderen verricht om haar lijkwade te redden. Om de relikwie tegen bandieten te beschermen, liet ze het linnen in 1418 door haar tweede echtgenoot Humbert van Villersexel, graaf de la Roche, heer van Saint-Hippolyte-sur-Doubs, weer in veiligheid brengen. Haar eerste echtgenoot, Jean de Baufremont, sneuvelde in 1415 in de slag bij Azincourt. Eerst keerde de lijkwade, voor een heel korte tijd, terug naar het kasteel van Montfort, bij de stad Monbard. Maar nog in 1418 volgde een verhuizing naar een cisterciënzer kloosterkerk met acht kanunniken in Hippolyte-sur-Doubs, 60 kilometer van Besançon, het land waar Marguerites grootmoeder Jeanne de Vergy vandaan kwam en dat veiliger was dan de Champagnestreek. Volgens Anquetil bleef de lijkwade 34 jaar in Hippolyte-sur-Doubs. Waar het linnen vele jaren lang ieder jaar één dag op een weide aan de pelgrims getoond werd.

Humbert van Villersexel stierf in 1438, twee jaar nadat Parijs door de Fransen, onder Karel VII, heroverd werd. Enkele jaren later was de Honderdjarige Oorlog feitelijk voorbij. Toch keerde de lijkwade, tot verbazing van de kanunniken aldaar, niet terug naar Lirey. Blijkbaar had Marguerite weinig vertrouwen in het vermogen van de stiftskerk om er de lijkwade veilig te kunnen bewaren. Tot groot ongenoegen van de kanunniken in Lirey die bleven hopen de lijkwade terug te krijgen en die niet aarzelden om Marguerite voor de rechter te dagen.

Zo moest Marguerite in 1443, volgens Van Haelst, voor 'het parlement' – een feitelijke rechtbank – van Dôle plechtig zweren dat het haar grootvader was, Geoffroy de Charny, die in 1346 de lijkwade uit het Heilig Land naar Frankrijk had meegebracht. De rechtbank zou de eis van de kanunniken van Lirey afwijzen en Marguerite voor een tijd van drie jaar bevestigen als 'bewaarster van de lijkwade'. Drie jaar later, in 1446, stond ze in beroep voor het tribunaal van Besançon. Waar Marguerite volgens Van Haelst onder ede verduidelijkte dat de lijkwade een kostbare gift was, aan

Geoffroy de Charny overhandigd 'wegens zijn uitzonderlijke moed tijdens de slag om Smyrna' (1346). Weer mocht ze voor twee jaar over de lijkwade beschikken, maar ze moest 'een deel van de opbrengst van haar tentoonstellingen overmaken aan de kanunniken van Lirey'. In 1449 kreeg ze nogmaals drie jaar uitstel. Volgens Anquetil zou ze in 1449 beloofd hebben om de stiftskerk van Lirey te laten restaureren, met het oog op een mogelijke terugkeer van de lijkwade.

Maar in feite was ze het touwtrekken beu. Al eerder trok ze met de lijkwade in een reizende tentoonstelling van de ene stad naar de andere. In 1449 stelde ze de relikwie tentoon op het kasteel van Jean de Croy in het Henegouwse Chimay. In 1452 trok ze ermee naar het kasteel Germolles bij Mâcon. Een jaar later dook ze met de lijkwade op in Genève. Al die jaren op zoek naar 'een waardige erfgenaam' of 'een betrouwbare machthebber' die de veiligheid van de lijkwade kon garanderen.

Uiteindelijk verkocht ze het linnen in 1453 aan hertog Lodewijk I van Savoie, gehuwd met Marguerites nicht Anne de Lusignan, een dochter van de koning van Cyprus. In ruil voor een kasteel in Varambon (bij Lyon) en een aanzienlijke geldsom, de inkomsten uit het landgoed Mirabel bij Lyon. De bejaarde Marguerite – ze is in 1459 of 1460 overleden, minstens 70 jaar oud – bracht de lijkwade nog zelf naar Chambéry, de toenmalige hoofdstad van de Savoie. Daar werd de lijkwade voorlopig bewaard in de slotkapel van het hertogelijk kasteel. Wel zou het huis van Savoie de kanunniken in Lirey financieel voor het verlies van de lijkwade vergoed hebben, nadat Marguerite nog met excommunicatie bedreigd werd als ze de lijkwade niet onmiddellijk teruggaf aan de kanunniken van Lirey. De lijkwade teruggeven deed ze niet, omdat 'het contract met het Huis van Savoie al gesloten was'. Ook is het twijfelachtig of de kanunniken van Lirey ooit voor 'het verlies van de lijkwade' vergoed werden.

De Savoie was van 1003 tot 1860 een graafschap, later een hertogdom, in de Franse Alpen. Eeuwenlang was het een onderdeel van het Heilige Roomse Rijk, niet van Frankrijk. In de vroege 15de eeuw werd het toenmalige graafschap door keizer Sigismund tot hertogdom verheven. Dat geschiedde onder Amadeus VIII, een schoonzoon van de Bourgondische hertog Filips de Stoute. In 1439 werd Amadeus VIII, om die reden als hertog afgetreden, op het concilie van Bazel zelfs tot paus gekozen, onder de naam Felix V, hoewel paus Eugenius IV (een Venetiaan) nog op zijn troon zat. Aan dat dreigend nieuwe schisma, dat elke bisschop herinnerde aan de pausen van Rome en Avignon, kwam pas in 1448 een einde door het concordaat van Wenen, afgesloten door de nieuwe paus Nicolaas V en de Habsburgse keizer Frederik III. Onder keizerlijke druk is tegenpaus Felix-Amadeus een jaar later afgetreden.

In de late 15de eeuw kreeg het hertogdom Savoie ook Piëmont, Montferrat, Turijn, Nice en Genève in handen. Veiligheidshalve verplaatste de hertog het centrum van de Savoie in 1563 van Chambéry (in de Franse Alpen) naar Turijn. In de 18de eeuw waren de hertogen van Savoie tevens de koningen van Sardinië. Savoie werd in 1792 een eerste keer als het departement Mont-Blanc door Frankrijk geannexeerd, maar pas in 1860 werd het definitief aan Frankrijk afgestaan. Een deel van de Savoie (Turijn) werd in 1860 overgedragen aan Sardinië, een troon die in 1861 opging in de nieuwe Italiaanse eenheidsstaat.

5

Het geheim van de tempeliers

Dat de lijkwade pas in 1357 in Europa opdook, wil niet zeggen dat er geen oudere sporen van te vinden zijn. Eén spoor is relatief duidelijk: de lijkwade of alvast *een* lijkwade werd in de jaren 944-1204, 260 jaar lang, in Constantinopel gezien en vereerd. Vraag is in dat geval, voor wie aanneemt dat het om dezelfde lijkwade gaat, wat er in de jaren 1204-1357 mee gebeurde. Dat blijft een puzzel die nog door geen sindonoloog met vaste hand in elkaar gestoken kon worden. Want de lijkwade werd in de jaren 1204-1357 nooit publiek vertoond. Bovendien was Constantinopel, in 1204 door Latijnse kruisvaarders veroverd en meedogenloos geplunderd, een zo grote puinhoop dat geen kat er haar jongen in terugvond. Al werden de grootste relikwieën naar verluidt niet zo maar geplunderd maar netjes onder 'de heren van stand' verdeeld.

De meest gehoorde versie, gepopulariseerd door de Oostenrijkse auteur Ernst Gruber en zijn Duitse kompaan Holger Kersten, is dat de lijkwade al in 1204 in handen viel van de tempeliers. Tempeliers die volgens Gruber en Kersten zelf geen deel uitmaakten van de Latijnse kruisvaarders die de stad in 1204 gewapenderhand veroverden, omdat tempeliers nooit afweken van hun erecode, 'geen andere christenen te bestrijden'. Maar na de val van de stad zeilden ze vanuit hun marinebasis in Akko snel naar Constantinopel om zich over de lijkwade te ontfermen. Mogelijk bemachtigden ze die met een list. Volgens Gruber en Kersten waren ze met de lijkwade op weg naar Rome 'om ze daar aan de paus over te maken', maar deden ze het voorkomen dat hun schip door piraten gepraaid werd, zodat niemand kon weten wat er van de lijkwade geworden was. Overigens is ook Barbara Frale, een Vaticaanse autoriteit als het gaat over de tempeliers en de lijkwade, van mening dat de lijkwade in 1204 door de tempeliers gestolen werd.

Dat de tempeliers tot grootschalige operaties in staat waren, staat vast. In die dagen stonden de bekendste monnik-soldaten op het hoogtepunt van hun macht, hun rijkdom en hun invloed. Weliswaar konden ook de tempeliers niet voorkomen dat Jeruzalem al in 1187 door moslims heroverd werd. Maar hun macht in Oost en West, thuis en *outremer*, was in die dagen nog zo groot, dat geen andere strijdmacht op de Oost-West-as zich met hen kon meten. Met duizenden *commanderijen*, verspreid over 17 *provincies* in Frankrijk, Engeland, Duitsland, Italië, Hongarije, Spanje, Portugal én in het Oosten, verenigden ze ook grote financiële, economische en commerciële belangen. En ze waren geen andere instantie gehoorzaamheid verplicht dan de paus. Nog tot 1291 konden ze zich handhaven in hun citadel Akko, *Saint-Jean d'Acre*, ter hoogte van het latere Haifa (havenstad in het huidige Israël). Opgericht in 1119 ter verdediging van vier Latijnse vorstendommen in het Midden-Oosten – het koninkrijk Jeruzalem, de graafschappen Tripoli en Edessa en het vorstendom Antiochië – moesten ze die later weer prijsgeven. Edessa verloren ze het eerst, al in 1144, Jeruzalem in 1187, Antiochië pas in 1268, Tripoli in 1289. Maar in 1204 stonden ze beslist nog sterk genoeg om zich over een zo kostbare relikwie als de lijkwade te kunnen ontfermen.

Feit is dat de tempeliers de lijkwade kenden en die in Constantinopel herhaaldelijk moeten gezien hebben, hetzij in de Blacherneakerk, hetzij in de Pharoskapel. Want zeker de notabelen onder de tempeliers gingen op voet van gelijkheid om met koningen, graven en hertogen of ze vergezelden hen bij hun bezoeken aan de meest gerenommeerde Byzantijnse schatkamers. En voor de christelijke middeleeuwer waren er geen grotere schatten dan de meest vereerde relikwieën. Ook blijkt uit historisch onderzoek, onder meer van de Italiaanse historica Barbara Frale, dat de tempeliers 'een bebaard gezicht' vereerden, door hun latere doodsvijanden voorgesteld als 'een duivelskop', een onmiskenbare verwijzing naar het Byzantijnse *mandylion*. De vier maal dubbel gevouwen lijkwade die pelgrims uitsluitend het gezicht van de Gekruisigde liet zien. Overigens hadden doodsvijanden van de tempeliers het des te gemakkelijker omdat in Europa, buiten de kring van de tempeliers, vrijwel niemand de lijkwade ooit gezien had. Als Europa al wist dat zoiets bestond.

Of de tempeliers de lijkwade in het Oosten of in het Westen bewaarden, kon nog niet opgehelderd worden. Mogelijk bewaarden ze de relikwie een tijdje op hun oosterse hoofdkwartier in Akko, tot de stad en de vesting in 1291 door moslims heroverd werden. Om van daaruit naar Cyprus te verhuizen? Het getuigenis van Marguerite de Charny, dat haar grootvader de lijkwade in 1346 terugvond in Smyrna, op de kust van Klein-Azië, kan kloppen. Al sluiten Akko, Cyprus of Smyrna niet uit dat de machtige tempeliersvloot de opgevouwen relikwie onder zware escorte ook tijdelijk naar Frankrijk of elders kon brengen, als de omstandigheden dat vereisten. Alleen waren er in 1346 geen tempeliers meer. Al in 1312 moesten ze hun resterende eigendommen en allicht ook hun relikwieën op pauselijk bevel overmaken aan de hospitaalridders. Een rivaliserende ridderorde, ook bekend als de hospitaalridders van Sint-Jan van Jeruzalem of de johannieters, die de dramatische ondergang van de tempeliers in de jaren 1307-1314 overleefde.

De plotse en fatale ondergang van de tempeliers blijft niet te vatten. Uiteraard was die ondergang in eerste instantie het werk van de toenmalige Franse koning Filips de Schone, die op 13 oktober 1307 in een klap alle tempeliers in zijn bereik liet oppakken. Hij liet ze meteen door zijn inquisiteurs zo gruwelijk martelen, omdat hij hen ervan verdacht over immense rijkdommen te beschikken, dat ze om het even wat bekenden. Maar het optreden van Filips had geen effect buiten Frankrijk, tenzij hij zijn pauselijke tijdgenoot Clemens V 'met alle vergaarde bekentenissen' ervan kon overtuigen in een aanslepend proces de hele orde te ontbinden. Zelf was Clemens V, alias Bertrand de Got, een Gascogner en dus (nog) geen Fransman. Alleen werd Clemens de eerste van zeven Franse pausen van Avignon. Die kon de sluwe en gewetenloze Filips wel degelijk onder druk zetten. Alleen al door te dreigen met een schisma als de paus 'het meest katholieke koninkrijk' van zijn tijd zou dwarszitten.

Volgens Frale heeft Clemens V, na een lang proces, de tempeliers nooit ten gronde veroordeeld. Maar hij heeft de orde in 1312 als een apostolische voorzorgsmaatregel – *par voie de provision et d'ordonnance apostolique* – wel ontbonden. Omdat de verdenkingen tegen de tempeliers zo zwaar wogen (ketterij, sodomie, het spuwen op het kruis, hun verering van een duivelskop, *Baphomet*, hun *Ydole barbue...*) dat 'het schandaal pas kon gedoofd worden door de orde op te heffen'. Voor die opheffing was er geen kerkelijk precedent en evenmin een echte navolger. Wel werd ook de latere jezuietenorde in 1773 onder druk van 'de meest katholieke koningen' door de paus ontbonden, maar die orde werd in 1814 nog probleemloos heropgericht.

Een variant op het tempeliersspoor, voorgestaan door Anquetil en Boie, wil dat de lijkwade in 1204 door een Bourgondische legerleider, Otto I de la Roche-sur-Ognon, naar Athene gebracht werd waar Otto door de eerste Latijnse keizer van Constantinopel, de toenmalige graaf van Vlaanderen, als hertog werd aangesteld. Maar misschien was de lijkwade in Athene niet veilig genoeg, zodat Otto de relikwie al in 1208 naar zijn vader, Ponce I de la Roche, in La Roche sur l'Ognon, zou gestuurd hebben als 'een gift voor de aartsbisschop van Besançon'. Feit is dat ook in Besançon vele jaren een lijkwade of een geschilderde kopie ervan, vereerd werd. Tot in 1224 Otto I terugkeerde naar Frankrijk, samen met zijn eega Isabelle de Ray. Samen namen ze de lijkwade mee naar het veel grotere kasteel de Ray – 14 torens – bij het dorpje Gray (Haute-Saône). Al die jaren werd de lijkwade aan niemand vertoond.

Een pikant detail wil dat Otto de la Roche en Isabelle de Ray de overgrootouders waren van Jeanne de Vergy, eveneens afkomstig uit Besançon. Jeanne was de weduwe van Geoffroy de Charny die in 1357 als eerste de lijkwade in Europa tentoonstelde. Maar een tempelierslink kon ook op dit punt niet ontbreken. Geoffroy de Charny, de eerste Franse eigenaar van de lijkwade, was een naamgenoot en wellicht een neef van een van de laatste tempeliers, Geoffroy de Charney. Een kleine variant in de schrijfwijze – Charny, Charney, ook Charnay – zal geen mediëvist verbazen. In een tijd dat elke naam nog manueel moest opgeschreven of gekopieerd worden, waren er namen die wel in tien varianten werden opgetekend.

Tempelier Geoffroy de Charney (1248?-1314) was een tijdgenoot en intimus van de laatste grootmeester van de tempeliers, Jacques de Molay (1244?-1314). Geoffroy was de laatste *preceptor* of meester van de tempeliers in Normandië en volgens Gruber en Kersten ook 'de behoeder van de lijkwade'. Op 19 maart 1314 liet de Franse koning Filips de Schone hen beiden op een klein vuurtje roosteren op een eilandje in de Seine, omdat ze in laatste instantie hun afgedwongen bekentenissen hadden herroepen. 'Op een klein vuurtje' om de pijn zolang mogelijk te rekken. Hetzelfde jaar nog stierven ook Filips de Schone en paus Clemens V, het Franse duivelspaar dat het lot van de tempeliers in handen kreeg en de machthebbers die hen zo gruwelijk zouden vervolgen.

Twee Britse auteurs, Christopher Knight en Robert Lomas, puurden in 1997 uit dit drama de stof voor hun boek *The Second Messiah*, de tweede messias. Daarin betogen ze dat de afbeelding op de lijkwade niet van de Nazarener is maar van de laatste grootmeester van de tempeliers, Jacques de Molay. Voordat hij in 1314 op een brandstapel gezet werd, werd De Molay volgens Knight en Lomas om zijn ketterse opvattingen over de figuur van Jezus van Nazareth, 'geen God maar een mens van vlees en bloed', op gelijkaardige wijze aan een deur gekruisigd en gemarteld, maar niet gedood. Later zou zijn comateuze lichaam 30 uur in een lijkwade gewikkeld zijn, om alsnog te herstellen voordat hij definitief kon terechtgesteld worden.

De kruisiging van De Molay is weinig overtuigend, maar Knight en Lomas hebben wel een punt. Dat de tempeliers uit hun vele contacten in het Oosten misschien met afwijkende visies op de Nazarener in contact kwamen en dat de middeleeuwse kerk met die visies absoluut niet kon leven. Die afwijkende visies waren er genoeg in een regio waar nestorianen en monofysieten, laat staan moslims en Joden, de katholieke en orthodoxe leer over de Godmens – één God in twee naturen, volledig God en volledig mens – wel duizend jaar bestreden. Zo wordt ook door andere auteurs gesuggereerd dat de tempeliers het dogma van de goddelijkheid van Christus miskenden en ze christenen 'het ware en uiterst menselijke gezicht van de Nazarener' lieten ontdekken, het gezicht van de lijkwade. In talrijke commanderiën en kerkportalen van tempelierskerken werd dit bebaard gezicht ook in steen uitgehouwen. Vaak zelfs, zoals op de lijkwade, met twee hoofden, het ene op het Oosten, het andere op het Westen gericht. Ook voor Ian Wilson ging het om voorstellingen van Christus, gekopieerd van het *mandylion*, een geïsoleerd bebaard gezicht. Het thans zo bekende gezicht van de lijkwade van Turijn.

6

Het Huis van Savoie

Terug naar Lodewijk I van Savoie, zoon van Amadeus VIII en in de jaren 1440-1465 diens opvolger als de tweede hertog van Savoie. Het was Lodewijk die in 1453, het jaar dat Constantinopel uiteindelijk door de Osmaanse Turken veroverd werd, van Marguerite de Charny de lijkwade kocht die een eeuw later in Turijn zou belanden. Die bestemming lag in 1453 niet meteen voor de hand. Het centrum van het Huis van Savoie was nog Chambéry in de Franse Alpen, op 100 kilometer van Lyon, 85 kilometer van Genève. De bergachtige stad in de schaduw van de Mont Blanc die in 1232 in handen kwam van het Huis van Savoie, was van oudsher een handelscentrum op de Alpenpassen die het graafschap en latere hertogdom met Italië verbonden. Hoofdstad van de Franse *Haute-Savoie* is thans de stad Annecy, gelegen tussen Genève en Chambéry.

Ook in Chambéry leidde de lijkwade aanvankelijk een verborgen bestaan. Volgens Van Haelst werd nog steeds gewacht op een formele erkenning van de authenticiteit van de lijkwade door Rome, een erkenning die van groot belang geacht werd om het lijnwaad als relikwie te mogen vereren. Wel was Sixtus IV, paus van 1471 tot 1484, de lijkwade als franciscaan gunstig gezind. Ook was Sixtus geneigd om op vraag van de hertog 'de lijkwade van Lirey als relikwie te erkennen'. Maar als paus bleef hij aarzelen om de bloedsporen op de lijkwade als het bloed van Christus te erkennen. Zodat alles bij het oude bleef.

Nog onder het pontificaat van Sixtus IV, in Rome de bouwheer van de Sixtijnse kapel, werd de zorg voor de lijkwade door hertog Amadeus IX in Chambéry toevertrouwd aan de zusters clarissen. Later verbleef de lijkwade een tijd in het minderbroederklooster van Chambéry, in afwachting dat de relikwie kon overgebracht worden naar de *Sainte Chapelle du Saint Suaire* in de hertogelijke residentie van het Huis van Savoie. Overigens was de lijkwade in die jaren zo *vies*, aldus Van Haelst, dat de clarissen het lijnwaad in de jaren 1470 gewoon 'in de kookwas stopten en duchtig met de schuurborstel bewerkten'. Toch zou de lijkwade deze behandeling ongeschonden overleefd hebben.

Pas in 1494, uiteraard op een Goede Vrijdag, werd de lijkwade van Chambéry een eerste keer tentoongesteld. Op initiatief van hertogin Blanche van Savoie gebeurde dat niet in Chambéry zelf maar op het kasteel van Vercelli, stadje in Piëmont dat in die dagen tot het hertogdom Savoie behoorde. Niet in Chambéry zelf omdat de Sainte Chapelle er nog niet klaar voor was, maar allicht ook omdat nog op de pauselijke erkenning gewacht werd. Wat (nog) niet in Chambéry kon, kon wel op verplaatsing. In Chambéry zelf werd de lijkwade in de jaren 1453-1494 wel eens aan vooraanstaande gasten getoond, maar nooit aan een breder publiek.

Een publieke doorbraak kwam er pas in 1502, toen de lijkwade plechtig van het minderbroederklooster in Chambéry naar de Sainte Chapelle in de hertogelijke residentie van de Savoies werd overgebracht. Daar werd de lijkwade bewaard in een verguld zilveren schrijn, afgesloten met een zwaar traliehek, maar de lijkwade zou er ook op geregelde tijdstippen tentoongesteld worden. Vooral op Goede Vrijdag en op 4 mei, dag die door paus Julius II werd uitgeroepen als de feestdag van de lijkwade. Wat niet wil zeggen dat de relikwie al een vast onderkomen had gevonden in Chambéry. Volgens Anquetil werd de lijkwade in 1503 tentoongesteld in Bourg-en-Bresse, later ook in Milaan.

Het was Julius II, paus van 1503 tot 1513 en een neef van zijn verre voorganger Sixtus IV, die de lijkwade op 25 april 1506 een feestdag meegaf, de 4de mei. Dat deed de eerste bouwheer van de nieuwe Sint-Pietersbasiliek in zijn bul *Romanus Pontifex*. Bul die de lijkwade, de *preclarissima sindone*, aanwees als 'de lijkwade waarin Onze Heer Jezus Christus zelf werd gewikkeld in het graf' en die de devotie van de lijkwade wettigde als 'een heilige relikwie'. De volgende jaren kon de lijkwade daarom vaker tentoongesteld worden, al weet niemand hoe vaak. Zeker niet elke vrijdag zoals diverse auteurs opmerken, maar minstens op Goede Vrijdag.

Toch blijft het een vraag waard of Julius II in zijn bul van 1506 de authenticiteit van de lijkwade bevestigde. Wat Julius precies bedoelde, blijkt misschien nog het best uit de bul *Ut pie creditur* – opdat het vrome zou geloofd worden – van paus Clemens VII in 1533. In die bul zal Clemens VII, niet te verwarren met de gelijknamige tegenpaus uit de late 14de eeuw in Avignon, een volle aflaat verlenen, 'niet aan diegenen die de lijkwade vereren als ware ze de echte lijkwade van Jezus Christus, maar wel aan diegenen die mediteerden over het lijden van Jezus Christus en vooral over zijn dood en begrafenis'.

Een bijzondere bezoeker in Chambéry was in 1516 de jonge Franse koning Frans I, een zoon van Louise van Savoie, maar tevens de man wiens Italiaanse oorlogen de lijkwade letterlijk op de vlucht zouden drijven. In juni 1516 vereerde Frans I de lijkwade naar verluidt 'als dank voor zijn overwinning op het slagveld van Marignan' (bij Milaan) in september 1515. Hij kwam daarvoor te voet vanuit Lyon, een pelgrimstocht van 100 kilometer. Het was dezelfde Frans I, koning van Frankrijk van 1515 tot 1547, die de lijkwade in 1537, nadat hij zijn Italiaanse oorlogen had hervat, weer op de vlucht joeg.

Maar voor het zo ver kwam, brak in de nacht van 3 op 4 december 1532 in de Sainte-Chapelle van Chambéry een felle brand uit. De kapel ging helemaal in de vlammen op, maar het zilveren schrijn met de lijkwade kon op het nippertje gered worden. Op het nippertje, want het gesmolten zilver had al zware brandgaten doorheen de lijkwade geboord voordat het brandende schrijn, hooguit een kistje van circa 30 op 50 cm, met water kon geblust worden. Sindsdien wordt de lijkwade ontsierd door symmetrische brandgaten. Symmetrisch omdat naderhand kon vastgesteld worden dat de relikwie er in 48 lagen lag opgevouwen (in de breedte in drie gelijke lagen gevouwen, dan vier keer gevouwen in de lengte, 3x2x2x2x2), zodat brandgaten de stof laag na laag op gelijke afstanden konden doorboren.

Volgens Van Haelst waren het twee franciscanen die zich in de vlammen waagden, die met een zware voorhamer de afsluitingen stuk sloegen en het schrijn in veiligheid brachten. En weer waren het clarissen, in dit geval vier zusters van Sainte-Claire-en-Ville (in Chambéry) die in april 1534 de geschonden lijkwade zouden herstellen. Dat lukte niet helemaal, zodat vele brandgaten sindsdien de lijkwade ontsieren. Wel vervingen de zusters stukje voor stukje verkoolde gedeelten door er stukjes van een linnen altaardoek op te naaien. Volgens Anquetil werden links en rechts op de lijkwade 14 grotere en 8 kleinere driehoekige stukjes ingezet. Bovendien kreeg de lijkwade langs de achterkant een zwarte katoenen voering en werd het hele doek toegedekt met een paarsrode zijden lap. En voor het eerst werd de lijkwade niet meer gevouwen maar met voering en bovenlap rond een stok of een cilinder opgerold. Op 5 mei 1534 werd de lijkwade door hertog Karel III van Savoie plechtig bij de clarissen opgehaald, om het lijnwaad in triomf terug te brengen naar de Sainte Chapelle in het hertogelijk paleis.

De euforie over de geredde lijkwade, nog versterkt door de volle aflaat van paus Clemens VII, zou niet lang standhouden. In het voorjaar van 1536 stak een nieuw Frans leger, nog altijd aangevoerd door Frans I, de Alpen over om in Italië weer slag te leveren tegen de troepen van keizer Karel V. Ofschoon de toenmalige hertog van Savoie, Karel III, de zwager was van keizer Karel V en een oom van Frans I, zou de hertog met de lijkwade Chambéry ontvluchten. Omdat de hertog partij koos voor Karel V en hij dus een Frans leger op zijn dak kreeg. Geen Savoyard vertrouwde nadien nog de Franse koning.

Eerst ging het met de lijkwade naar Milaan en Vercelli, later naar Nice, waar de relikwie voor de Franse legers in het hertogelijk kasteel werd opgeborgen. Volgens Anquetil bleef de lijkwade in de jaren 1536-1543 in Nice, stad en kasteel die in die jaren nog tot het hertogdom Savoie behoorden. Tot een Franse vloot, versterkt door driehonderd Turkse galeien, in 1543 Nice belegerde. Terwijl de stad door Franse grondtroepen verwoest en geplunderd werd, kon de hertog de lijkwade weer in Vercelli in veiligheid brengen. Om er, in de schatkamer van de Eusebiuskathedraal van de stad, 18 jaar te blijven. Ook toen Franse troepen in 1553 Vercelli en zijn kathedraal plunderden. Toen werd de lijkwade volgens Anquetil gered door een bijdehante kanunnik die de relikwie tijdig in zijn eigen huis kon verbergen.

De storm ging pas liggen, lang na de dood van Frans I en Karel V, toen Frankrijk en Spanje in 1559 de vrede van Cateau-Cambrésis tekenden die een einde maakte aan de Italiaanse oorlogen van keizer en koning. In 1561 is de lijkwade na een lange afwezigheid alsnog naar Chambéry teruggekeerd, om er in de gerestaureerde Sainte Chapelle te worden bijgezet. Maar de dagen van Chambéry waren geteld. Want de nieuwe hertog Emmanuel-Philibert van Savoie, nochtans getrouwd met een dochter van de Franse koning Frans I, was de Fransen beu. Nadat hij vier jaar lang gouverneur was van de Spaanse Nederlanden (1555-1559) week hij als hertog van Savoie uit naar Turijn, door hem uitgekozen om zijn nieuwe hoofdstad te worden.

Eerst liet hij, op 17 september 1578, in het grootste geheim de lijkwade overbrengen naar Turijn, om de stad vrijwel nooit meer te verlaten. Aanvankelijk werd de relikwie er ondergebracht in de kapel van het Sint-Annaklooster, later in de Sint-Jan de Doper-kathedraal. De relikwie bleef in het bezit van het Huis van Savoie, ook als dat Huis de Sardijnse en later de Italiaanse kroon droeg, maar werd toevertrouwd aan de zorgen van de kardinaal-aartsbisschop van Turijn. In de late 17de eeuw bouwde architect Guarino Guarini er, op voordracht van hertog Victor Amadeus II, een schitterende kapel voor achter het hoogaltaar, de *Capella della Santa Sindone*.

Maar de reliek werd in Turijn nog zelden tentoongesteld. Soms op de feestdag van de lijkwade, een 4de mei. Maar vooral op bijzondere dagen van het Huis van Savoie, zoals het huwelijk van kroonprins Victor Emmanuel (II) met de aartshertogin van Oostenrijk in 1842, ter gelegenheid van de 50ste verjaardag van de Italiaanse, nog Sardijnse, grondwet in 1898 of bij het huwelijk van kroonprins Umberto (II) met de Belgische prinses Marie-José in 1931.

Tijdens de napoleontische oorlogen, die Italië zo grondig door elkaar schudden, bleef de lijkwade in Turijn, waar paus Pius VII de relikwie nog vereerde toen hij in 1804 via Turijn op weg was naar Napoleons keizerskroning in Parijs. Daar bleef de lijkwade in de Eerste Wereldoorlog opgeborgen in een versterkte bunker. Alleen in de oorlogsjaren 1939-1946, beducht voor de nazihonger naar soortgelijke relikwieën, werd de lijkwade in veiligheid gebracht. In dit geval in de benedictijnerabdij van Montevergine, bij Napels. Naar verluidt waren alleen de prior, de vicaris-generaal en twee monniken van de verborgen lijkwade op de hoogte.

7

Het grootste reliekschrijn ter wereld

Wat er in 1204-1357 met de lijkwade gebeurd is, blijft zelfs voor geoefende geesten een raadsel. Maar dat in de jaren 944-1204 in Constantinopel een lijkwade met afdruk van een gekruisigde te zien was, vrijwel zeker dezelfde die in 1357 weer opdook in Lirey, staat vast. Dat bewijzen niet de dubieuze koolstofdatering van 1988 noch de fantasie van sindonologen, wel tal van literaire bewijzen en kroongetuigen die de meest vereerde christelijke relikwie in Constantinopel gezien hebben.

Toen de lijkwade, door Byzantijnen het *mandylion* of *het kleed van Edessa* genoemd, in 944 in Constantinopel arriveerde, stond de stad aan de Bosporus, de Gouden Hoorn en de Zee van Marmara al minstens anderhalf millennium op de kaart. Aangenomen wordt dat het aanvankelijk een Griekse kolonie was, in de 7de eeuw v.C. gesticht door kolonisten uit de stad Megara als *Byzantion*, het latere Byzantium, het nog latere Constantinopel en het huidige Istanboel. Verteld wordt dat de eerste koning er Byzas heette, die de site uitzocht na raadpleging van het orakel van Delphi. Waarbij het orakel hem aanraadde de plaats te zoeken 'in het land van de blinden'. Want volgens Byzas moeten zijn voorgangers wel blind geweest zijn dat ze deze schitterende site aan de Bosporus niet eerder ontdekt hadden.

In de vroege 2de eeuw v.C. werd de stad door de Romeinen geannexeerd. Maar ook de Romeinen bleken blind voor de kansen en mogelijkheden van deze unieke locatie. Dat veranderde pas toen de Romeinse keizer Constantijn in 326 een nieuwe hoofdstad zocht voor een rijk waarin het Romeinse Oosten veel belangrijker werd dan het Westen. In 330 werd de stad Constantinopel genoemd, het unieke middelpunt tussen Oost en West, *het* deelteken tussen Europa en Azië. Maar de stad kreeg pas echt de wind in de zeilen nadat Rome en het West-Romeinse rijk al in 476 door toedoen van barbaarse invallers ter ziele gingen. Constantinopel en het Oost-Romeinse rijk zouden hun Romeinse voorganger bijna duizend jaar overleven, tot het jaar 1453 om precies te zijn. Constantinopel telde gaandeweg één miljoen inwoners en was eeuwenlang de allergrootste christelijke stad ooit, terwijl Rome in de late 6de eeuw, onder paus Gregorius de Grote, al vervallen was tot een dorp met hooguit nog 50.000 verarmde proleten.

Eeuwenlang was Constantinopel, niet Rome, de spirituele en theologische hoofdstad van de christenheid. Van de vijf christelijke patriarchaten in het eerste millennium lagen er vier in het Oosten – Jeruzalem, Alexandrië, Antiochië en Constantinopel – en slechts één in het Westen (Rome). Wellicht leefden in het christelijke Oosten, in Klein-Azië, op de Balkan, in het Midden-Oosten en in Noord-Afrika, in het eerste millennium ook 80 procent van alle christenen, met slechts 20 procent voor het Westen. En doordat de patriarchaten van Jeruzalem, Alexandrië en Antiochië al in de 7de eeuw door islamitische heersers werden overgenomen, zonder er echter de christenen te verdrijven, groeide nog de macht en het aanzien van de keizer en de patriarch van Constantinopel.

De grootste vijanden van Constantinopel in het Oosten waren overigens niet de moslims maar de Perzen. Van de 3de tot de 7de eeuw geleid door de Sassanieden, gangmakers van het fanatieke mazdeïsme en het dualisme van Zarathustra (of Zoroaster), leefden Perzië en Constantinopel eeuwenlang op voet van oorlog. In vele opzichten waren het de ontelbare oorlogen tussen Constantinopel en de Perzische Sassanieden die in het Oosten de weg baanden voor het Arabisch-islamitische ontwaken. Nog in 614 werden vrijwel alle christenen in Jeruzalem door Perzische troepen afgeslacht. Dat is Jeruzalem onder islamitische veroveraars nooit overkomen. Vier jaar later heroverden de Sassanieden ook Egypte en beheersten ze Klein-Azië tot Chalcedon, locatie die enkel nog door de smalle Bosporus van Constantinopel gescheiden werd. Tot de Byzantijnse keizer Heraclius in de jaren 620 'een heilige oorlog' en een bijzonder bloedige 'kruistocht' lanceerde tegen de Perzen die hij in 627 bij Ninive versloeg. De Byzantijnse vreugde was van korte duur. Geen tien jaar later waren het de Arabisch-islamitische legers die het Perzische vacuüm opvulden. Geen vijftig jaar later, in 669, werd de stad Constantinopel een eerste keer door Arabische legers belegerd.

In die aanslepende krachtmeting tussen Byzantijnen, Perzen en Arabieren verloor Constantinopel steeds grotere gebiedsdelen in Klein-Azië, het Midden-Oosten en Noord-Afrika. Toch stond het Oost-Romeinse of Byzantijnse rijk in de 10de eeuw nog sterk overeind. Op de Balkan had het de invasie van Slaven, Avaren en Bulgaren overleefd. En het beheerste nog geheel Klein-Azië, grosso modo het latere Turkije, nadat het alle Arabische aanvallen op Constantinopel zelf had afgeslagen. Nog in de 10de eeuw had het Byzantijnse rijk de beste kaarten om al zijn rivalen te overleven. De Perzische Sassanieden waren verdwenen. Het Arabische vuur leek gedoofd. De Bulgaren werden tot over de Donau verdreven. En het Latijnse Westen zat ondanks de kortstondige Karolingische *renaissance* nog in zak en as. Vandaar het belang van het *mandylion of het kleed van Edessa*, de christelijke relikwie bij uitstek, waarvan in Constantinopel werd aangenomen dat ze de stad tot in der eeuwigheid kon beschermen. Het was een nog machtige keizer Romanos I Lecapenos die er in 943 een heus leger voor naar Edessa stuurde. Niet om er de emir aan te vallen, maar om er in ruil voor 200 moslimgevangenen en 12.000 zilverlingen het kleed van Edessa op te vragen. Na overleg met zijn superieuren in Bagdad, zetel van het toenmalige kalifaat, zou de emir met de transactie instemmen. Door de vlakten van Anatolië keerde het Byzantijnse leger in 944 met de meest vereerde relikwie, *geverifieerd* door hoge orthodoxe geestelijken die zich niet met een kluitje in het riet lieten sturen, terug naar Constantinopel.

Zo werd op 16 augustus 945, in een bewaard gebleven feestpredikatie aan het hof van keizer Constantijn VII, uitvoerig verwezen naar het kleed of het portret van Edessa, een 'niet door mensenhanden gemaakte' (*acheiropoieton*) afbeelding van Christus, op de eerste verjaardag van de aankomst van de heiligste relikwie in Constantinopel. Aanvankelijk werd de lijkwade ontvangen in de Blachernaekerk, al in 436 op last van keizerin Pulcheria te Constantinopel gebouwd, O.-L.-Vrouw van Blachernae, om er 'relieken van Jezus' Kruisdood en Graflegging' in te bewaren. Volgens Wilson werd het kleed op 15 augustus 944 ook in de Hagia Sophia – de kathedraal van Constantinopel – en in de troonzaal van het keizerlijke Boukoleonpaleis aan het volk getoond. Daar werd de lijkwade naar verluidt in de beroemde Pharoskapel toegevoegd aan tal van andere lijdensrelikwieën – twee stukken van het heilig kruis, de speer die de gekruisigde zijn rechterzij doorboorde, de spijkers die hem door zijn handen en voeten werden geslagen, het door Jozef van Arimatea opgevangen bloed van Christus (in een kristallen fles), zijn tunica of rok, zijn doornenkroon en zelfs het afgeslagen hoofd van Johannes de Doper. Al was de Blachernaekerk een geduchte rivaal voor de Pharoskapel, mogelijk werd de lijkwade in Constantinopel in de Pharoskapel bewaard maar werd de relikwie vaak tentoongesteld in de Blachernaekerk.

De preek van 16 augustus 945, het werk van de aartsdiaken van de Hagia Sophiakathedraal, ene Gregorius de Referendarius, is volledig bewaard gebleven. Volgens Anquetil werd de integrale Griekse tekst door een Italiaanse geleerde – Gino Zaninotto – teruggevonden en door een Franse dominicaan – Dominique Dubarle – in het Frans vertaald. De aartsdiaken van de Hagia Sophia, in Constantinopel 'de derde man' naast de keizer en de patriarch, gold in zijn tijd als de grootste autoriteit als het over het *mandylion* ging. Vandaar dat Gregorius ook het Byzantijnse leger vergezelde tot in Edessa, omdat hij vrijwel als enige de authenticiteit van het *mandylion* kon beoordelen. Zijn preek van 16 augustus omvatte als eerste het volledige verhaal van dat *mandylion*, volgens Anquetil 'in beide gedaanten' – de lijkwade en de zweetdoek – 'door discipelen van de Nazarener na zijn dood naar Edessa in veiligheid gebracht'.

In Constantinopel werd het *mandylion* het vaakst 'in vol ornaat' vertoond in een rijk versierde vitrine in de Blachernaekerk. Volgens diverse auteurs elke vrijdag, volgens Barbara Frale elke Goede Vrijdag, om er door de gelovigen vereerd te worden. En allicht ook elke 16de augustus, door de keizer uitgeroepen als de Byzantijnse feestdag van het *mandylion*, vermits de lijkwade op een 16de augustus in de stad is aangekomen. Byzantijnse kronieken verduidelijken dat het wel degelijk om de lijkwade ging. Want ook volgens Anquetil 'waren velen teleurgesteld omdat ze de trekken van het gelaat van Christus niet duidelijk konden onderscheiden' en omdat 'deze vage afbeelding lang niet zo mooi was als de geschilderde iconen'.

Sinds het jaar 1000 werd de lijkwade vermeld in de catalogi van relieken aan het keizerlijk hof in Constantinopel als 'het doek waarin Jozef van Arimatea de eer had het gekruisigde lichaam van Christus te wikkelen'. Naar verluidt werd de relikwie er bewaard in een gouden schrijn of casette, nog altijd in de lengte in acht lagen gevouwen (*tetradiplon*) en voorzien van een soepele zijden voering maar ook van een vernuftig mechanisme om gelovige pelgrims vanuit de cassette 'de hele lijkwade' te kunnen tonen.

Volgens Wilson werd het mandylion in 990 een eerste keer in de literatuur vermeld, in een biografie van de ascetische Paulus van de berg Latros (Bithynië). Een asceet die de berg Latros, niet te verwarren met het Lavra-kloostercomplex op de berg Athos, voor het eerst vermeld in 978, nooit heeft verlaten. Maar het was Paulus van Latros die een wonderlijk visioen vergund werd van 'de gelijkenis van Christus, niet door mensenhanden gemaakt, die normaal gesproken de heilige mandylion genoemd wordt'. Een eerste afbeelding van de lijkwade in het Westen verscheen in 1192 in de Hongaarse *Pray Codex* (Boedapest), nadat een Hongaars gezantschap in 1150 Constantinopel bezocht. Wilson is van mening dat illustraties in het manuscript de naakte voor- en achterkant van de overleden Jezus van Nazareth afbeelden zoals de lijkwade het weergeeft.

Bekende buitenlandse pelgrims die in Constantinopel de lijkwade te zien kregen, waren onder meer Robrecht de Fries, graaf van Vlaanderen die in de jaren 1086-1090 de stad bezocht, de IJslandse abt Nikolaus Saemundarson die de lijkwade zag in 1150 in Constantinopel, en de Franse kroniekschrijver Willem van Tyrus of Guillaume de Tyr, aanwezig bij een staatsbezoek van de toenmalige Latijnse koning van Jeruzalem, Amaury of Amalrik I, aan keizer Manuel I Comnenus in 1171. Willem van Tyrus beschreef er het bijzondere voorrecht 'de zeer kostbare bewijzen van het lijden van onze Heer Jezus Christus te zien, waaronder het kruis, de spijkers, speer, spons, het riet, de doornenkroon, *sindon* en sandalen'.

Maar de meest accurate kroongetuige was natuurlijk een Picardische ridder, Robert de Clari (1170-1216), die als kruisvaarder in 1203 'de heerlijkheden' van de stad Constantinopel beschreef voordat de kruisvaarders de stad manu militari zouden veroveren. Zo vermeldde Robert de Clari of Cléry, een vazal van de graaf van Amiens, onder meer zijn bezoek aan een kerk 'die zij O.-L.-Vrouw van Blachernae noemen, waar de lijkwade werd bewaard – de *sydoines* – waarin onze Heer was gehuld en die elke vrijdag werd opgeheven, zodat de afbeelding van onze Heer duidelijk geheel en al kon gezien worden'.

8

Het jaar dat de lijkwade weer verdween

Ongetwijfeld behoort 1204, naast 1453, tot de grootste rampen die Constantinopel ooit overkomen is. In 1453 werd de grote stad aan de Bosporus uiteindelijk door de Osmaanse Turken veroverd. Veel erger was dat Constantinopel, sinds de Romeinse veroveraars in de 2de eeuw v.C. nooit eerder door een vreemde mogendheid bezet, al in 1204 door Latijnse kruisvaarders werd geplunderd en geannexeerd. Voor de Britse diplomaat en historicus John Norwich was Constantinopel 1204 gewoon 'de grootste ramp in de geschiedenis van het christendom, erger dan de val van Rome'. Dat is allicht overdreven. Maar ook voor de Britse historicus Steven Runciman, een van de grootste historici van de kruistochten en van het Byzantijnse rijk, betekende 1204 'het einde van het Oost-Romeinse of Byzantijnse rijk als een supranationale staat'. Zo konden de Byzantijnen de Balkan nooit meer heroveren en werden ze tegelijk in Klein-Azië onomkeerbaar door de Turken in een klein hoekje gedreven.

Dat de kruisvaarders van 1204 verleid werden door de Venetianen, die de 4de kruistocht financierden en die in Constantinopel oude rekeningen te vereffenen hadden, klopt wel. Onmiskenbaar was de toenmalige paus, Innocentius III, daar niet gelukkig om.

Maar de Latijnse christenheid installeerde er tegelijk, en dat kon uitsluitend met de zegen van Innocentius, een Latijns keizerrijk, nog wel onder de toenmalige graaf van Vlaanderen Boudewijn IX, tevens Boudewijn VI van Henegouwen, en een Latijnse patriarch, de Venetiaan Thomas Morosini.

Het was die machtsgreep die het Oost-Romeinse of Byzantijnse rijk niet kon overleven. Weliswaar konden de Byzantijnen Constantinopel in 1261 nog op hun Latijnse overweldigers heroveren. Maar van het Byzantijnse rijk bleef in die jaren, op de Balkan en in Klein-Azië, steeds minder over. Het is een wonder dat Constantinopel de Osmaanse Turken, al in 1359 vanuit Klein-Azië doorgebroken op de Balkan, nog zolang het hoofd kon bieden. Tot in 1453 het Turks-Osmaanse doek viel over de stad die nog het meest door Latijnse christenen verzwakt werd.

Het Byzantijnse rijk was in 1204 maar een schaduw meer van het rijk in 944. In die jaren was in het Latijnse en Germaanse Westen in eerste instantie het Heilige Roomse Rijk opgestaan en werd in Engeland, Frankrijk, Hongarije, Polen en Portugal de kiem gelegd voor de oudste Europese staten. Alsof Europa rond het gevreesde jaar 1000 haar vijf eeuwen oude lethargie van zich afschudde. Dat de pausen van Rome zich in de 11de eeuw opwierpen als de enige leiders van de hele christelijke wereld leidde in 1054 dan weer tot het grote schisma tussen Rome en Constantinopel.

En in Klein-Azië en het Midden-Oosten waren in de 11de eeuw de Turkse Seltsjoeken opgedoken, de voorgangers van de Osmaanse Turken die de uitgebluste Arabische renaissance nieuw leven inbliezen. Het waren de veroveringen van de Seltsjoeken die in de late 11de eeuw de Byzantijnse keizers ertoe inspireerden om de hulp van hun Latijnse christelijke tijdgenoten in te roepen. Vandaar een eerste Latijns-Frankische kruistocht in de jaren 1096-1099, overigens de enige kruistocht die door een westerse bril bekeken met succes bekroond werd, de verovering of bevrijding van Jeruzalem. Wie kon toen weten dat de Latijnse kruisvaarders in 1204 niet de moslims maar de Byzantijnse christenheid zouden verslaan.

Aanleiding voor de derde en vierde kruistocht, in de jaren 1189-1203, was de moslimherovering van Jeruzalem in 1187, de feitelijke val van het gelijknamige Latijnse koninkrijk. Een derde kruistocht ging in de jaren 1190 de mist in door de plotse dood van de Heilig-Roomse keizer Frederik Barbarossa in 1190 in Klein-Azië en door het onvermogen van de Engelse koning Richard Leeuwenhart in 1192 om Jeruzalem te heroveren. Vandaar een vierde kruistocht, op gang getrokken door paus Innocentius III in 1201. Maar door chronisch geldgebrek was de vierde kruistocht speelgoed in handen van de Venetianen, geleid door de stokoude en blinde doge Enrico Dandolo. Een man die ooit in Constantinopel, als gezant van Venetië, de ogen werden uitgebrand en die gezworen had de Byzantijnen een lesje te leren.

Al op 24 juni 1203 ging de kruisvaardersvloot – er was sprake van 4000 ridders en 20.000 infanteristen, 450 grotere en vele kleinere schepen, begeleid door 50 Venetiaanse oorlogsgaleien – nog vreedzaam voor anker in Constantinopel. Daar maakten de kruisvaarders handig gebruik van een familievete tussen keizer Isaak II en z'n broer en opvolger Alexius III. Een vete die door de kruisvaarders werd beslecht door partij te kiezen voor een zoon van Isaak II, Alexius IV, die de kruisvaarders beloofd had het schisma van 1054 ongedaan te willen maken en ook de orthodoxe kerk weer onder het gezag van de pausen te brengen. Meteen brak in Constantinopel een halve burgeroorlog uit tussen rivaliserende keizerskandidaten. Het was die strijd die een half jaar later beslecht werd door de kruisvaarders, nog altijd in Constantinopel en vergeten dat ze op weg waren naar het Midden-Oosten. Na een Byzantijnse opstand tegen de Latijnse 'bezettingsmacht' werd de grootste, rijkste en meest christelijke stad ter wereld op 14 april 1204 door de kruisvaarders heroverd en vreselijk gestraft.

Drie dagen lang werd de stad gruwelijk door de kruisvaarders geplunderd. Duizenden weerloze burgers werden gedood. Vrouwen, zelfs nonnen, worden verkracht. Ook kerken en kloosters moesten het ontgelden. Zelfs de Hagia Sophia werd niet gespaard. In de kathedraal werd alles van waarde 'met paarden en muilezels' afgevoerd, aldus Gruber en Kersten, gadegeslagen door 'een hoer op de troon van de patriarch'. Boeken en kunstwerken van onschatbare waarde werden door de niets ontziende rovers meegenomen of vernield. En zowel uit de Blachernaekerk als uit de Pharoskapel verdwenen de oudste en meest vereerde christelijke relieken, waaronder de lijkwade, om vroeg of laat allemaal in Europa te belanden. Volgens Robert de Clari 'wist niemand, Griek noch Frank, waar de lijkwade of het mandylion gebleven was'.

'Sinds de schepping van de wereld,' schreef de Franse kruisvaarder, ooggetuige en kroniekschrijver Geoffrey de Villehardouin, 'werd nooit zoveel buit weggesleept uit één stad.' Volgens Villehardouin vonden en roofden de kruisvaarders in Constantinopel méér relieken 'dan er in de rest van de christelijke wereld te vinden waren'. Terwijl een Byzantijnse kroniekschrijver dan weer verzuchtte 'dat de Saracenen goed en meevoelend zijn in vergelijking met deze lieden die het kruis van Christus op hun schouder dragen'. Blijkbaar hadden de kruisvaarders het zo druk om hun buit naar hun Europese thuislanden over te varen dat van het verdere verloop van de kruistocht werd afgezien. Maar het ergste was wel, aldus Runciman, dat de macht van het grootste christelijke bolwerk in het Oosten in 1204 gebroken werd. En dat het de Latijnse kruisvaarders waren, ooit door de Byzantijnse keizers te hulp geroepen om het rijk te redden die het vonnis voltrokken.

Na de verovering van Constantinopel stichtten de kruisvaarders er in de jaren 1204-1261 een Latijns maar vooral familiaal rijk onder Boudewijn van Vlaanderen, Hendrik van Henegouwen (zijn broer), Yolande van Vlaanderen en Henegouwen (hun zus), Robert van Courtenay en Boudewijn II van Courtenay (zonen van Yolande en Peter van Courtenay). Alleen heersten de Latijnse *keizers* van

Constantinopel hooguit over het Europese deel van het voormalige rijk, niet over Klein-Azië. Het was Boudewijn II van Courtenay die in 1238 de heilige doornenkroon, een deel van de buit van 1204, voor een fors bedrag verkocht aan de Franse koning Lodewijk IX de heilige.

Lodewijk liet er in de jaren 1243-1248 in Parijs de Sainte Chapelle voor bouwen, de hofkapel van het toenmalige paleis van de Franse koning. Vele jaren was de Sainte Chapelle van Saint-Louis, heiligverklaard nadat hij twee keer een kruisvaardersleger ten oorlog voerde, het grootste en alvast het meest luxueuze reliekschrijn in het Westen. Daar werden onder meer ook enkele druppels van het heilig bloed bewaard, de heilige lans, de heilige spons, fragmenten van het ware kruis van Christus en zelfs een kopie van het mandylion, allemaal relieken die in 1204 in Constantinopel verdwenen. De heiligste relieken werden in Parijs zo geestdriftig ontvangen dat zelfs de Franse Revolutie er de handen van af hield. Nog in de jaren 1841-1867 werd de Sainte Chapelle volledig gerestaureerd.

De Latijnse keizer van Constantinopel was niet de enige begunstigde van de machtsovername aan de Bosporus. Andere kruisvaarders kregen in 1204 andere titels, want het Latijnse rijk was er feodaal in hart en nieren. Bonifacius van Montferrat, de militaire leider van de vierde kruistocht, mocht zich koning van Saloniki en Macedonië noemen! Anderen pronkten met titels als prins van Achaea in Morea (middeleeuwse naam voor de Peloponnesos), hertog van Athene of markies van Thessalië. Terwijl Venetië de meest vitale steunpunten aan de Gouden Hoorn kreeg, naast een keten van handelskolonies zoals Ragusa (Dubrovnik) en Durazzo (Dürres), de westkust van Griekenland en de Ionische eilanden, de eilanden Naxos en Andros, de belangrijkste havens aan de Hellespont en de Zee van Marmara, de kust van Thracië en vooral Kreta, het grootste eiland in de Egeïsche Zee.

Weliswaar konden Byzantijnse 'keizers in ballingschap' zich handhaven in Nicea, Klein-Azië, en in Trebizond, op de verre zuidoostkust van de Zwarte Zee. Maar ze konden niet voorkomen dat steeds grotere delen van Klein-Azië door Turkse sultans werden opgeslokt, omdat geen kruisvaarder zich nog in het Aziatische deel van het rijk kon vertonen. Uiteindelijk was het Michael VIII Paleologus, aanvankelijk cokeizer in Nicea, die in 1261 dankzij de Genuezen – de aartsvijanden van de Venetianen – Constantinopel kon heroveren. Het waren de paleologen die Constantinopel zouden beheersen tot de stad in 1453 door de Osmaanse Turken werd veroverd. Rome had het nog altijd niet begrepen. Nog in 1262, aldus Steven Runciman, bood paus Urbanus IV de Latijnse tegenstanders van Michael VIII 'dezelfde aflaten als de kruisvaarders die de moslims bestreden'. En nog in 1274, op het concilie van Lyon, bleken gezanten van Michael VIII bereid om 'de kerken van Oost en West te herenigen', maar daar wilden de meeste Byzantijnen sinds 1204 niets meer van weten.

De laatste Byzantijnse keizer was Constantijn XI Paleologus. Hij is op 29 mei 1453 op de laatste dag van een beleg van acht weken gesneuveld. Dezelfde dag dat de Osmaanse sultan Mehmed de Veroveraar – de sultan van de twee continenten en de keizer van de twee zeeën, de schaduw van God in deze wereld en de volgende, de begunstigde van God in Oost en West – op een wit paard gezeten de stad van zijn dromen betrad. In de ruïnes van de stad werd het lichaam van Constantijn XI nooit teruggevonden. De circa 60.000 overlevenden werden naar verluidt als slaven verkocht, al bleef Constantinopel nog eeuwenlang een overwegend door christenen bewoonde stad. Wonderlijk genoeg was 1453 ook het jaar dat de lijkwade, in 1204 in Constantinopel verdwenen en ten laatste anderhalve eeuw later in Europa aangekomen, door Marguerite de Charny verkocht werd aan de hertogen van Savoie. Alsof de laatste Charny, erfgename van een Frans kruisvaardersgeslacht, in 1453 het vonnis voltrok dat de verdwenen lijkwade in 1204 over Constantinopel had opgeroepen.

9

Het ware gelaat van de orthodoxie

Over de lijkwade of het mandylion werden in Constantinopel nooit theologische traktaten geschreven. Daarvoor was de heiligste relikwie een icoon, het ware gezicht van de gekruisigde, die zich uitsluitend laat vereren. Zeker in Constantinopel. Dat was door de val van de christelijke patriarchaten van Jeruzalem, Antiochië en Alexandrië – sinds de opkomst van islam – nog het enige patriarchaat in het Oosten. Overigens hebben de Osmaanse Turken dat patriarchaat niet opgedoekt. Al op 5 januari 1454 installeerde de sultan een Griekse monnik, George/Gennadios Scholarius, als patriarch en hogepriester van de christenen. Gennadios vestigde zijn patriarchaat in de kerk van Theotokos Pammacaristos, in het Fanardistrict langs de Gouden Hoorn. Daar is het Grieks-orthodoxe patriarchaat nog altijd gevestigd. In 1461 installeerde de sultan ook een Armeense patriarch, in het Kumkapidistrict van Constantinopel. In de stad die ook de Turken Constantinopel bleven noemen. Pas in 1930, onder Atatürk, werd het Istanboel.

Toen Constantinopel in 1530 weer 400.000 inwoners telde, vijf keer meer dan onder Mehmed de Veroveraar, telde de stad volgens de Britse historicus Philip Mansel 58 procent moslims, naast 42 procent christenen en Joden. Naarmate het Turks-Osmaanse rijk almaar meer landen en volkeren omvatte, zouden die verhoudingen nauwelijks veranderen. Zo telde het rijk in 1839 naar verluidt 36 miljoen zielen, van wie slechts 21 miljoen moslims. Qua taal en cultuur ging het om 11 miljoen etnische Turken, 6 tot 8 miljoen Arabieren, 6 miljoen Slaven, 4 miljoen Roemenen, 2,5 miljoen Armeniërs, 2 miljoen Grieken en 1 miljoen Koerden. En volgens Britse schattingen telde Constantinopel nog in 1920 circa 560.000 moslims, 206.000 Grieken en 83.000 Armeniërs, naast 150.000 veelal 'hellenistische vreemdelingen'.

Al die jaren bleven de orthodoxe kerken onder Turks-Osmaanse voogdij en daarbuiten, met name in Rusland, een grote rol spelen in de regio. Maar het afscheid van het Oost-Romeinse of Byzantijnse rijk en de Turks-Osmaanse voogdij hadden wel voor gevolg dat de orthodoxe kerken een veel nationalistischer profiel kregen dan dit in het eerste millennium het geval was. In het eerste millennium waren orthodox (rechtgelovig) en katholiek (universeel) vrijwel synoniemen. Tegenover orthodoxen en katholieken stonden alleen afwijkende of ketterse visies. Ook dat gemeenschappelijk front werd door het grote schisma van 1054, nog oneindig verdiept door de rampen van 1204 en 1453, tijdens het tweede millennium verbroken. Terwijl 1453 dan weer de fundamentele machtswissel versterkte die maakte dat het Latijnse of katholieke Westen veel zwaarder ging wegen dan het Griekse of orthodoxe Oosten. Wel wetend dat in het eerste millennium het christelijke Oosten nog met kop en schouders boven het christelijke Westen uitstak.

Die herinnering aan het eerste millennium houdt niet in dat het toenmalige Oosten kerkelijk of theologisch gesproken christelijker was dan het Westen. Want niet alleen de heiligste relikwieën kwamen uit het Oosten voordat ze hun weg vonden naar het Westen. Dat was ook het geval voor vrijwel alle afwijkende geloofsopvattingen of ketterijen waarvan het eerste millennium doortrokken was. En die afwijkende geloofsopvattingen of praktijken waren vooral christologisch gekleurd. In eerste instantie hadden ze te maken met de figuur, de persoon of de natuur van de gekruisigde Nazarener die christenen als de Christus ervaren. Volgens de oecumenische concilies van het eerste millennium 'gekruisigd, gestorven en begraven, maar naderhand verrezen en ten hemel opgenomen'. 'Tegelijk volledig God en volledig mens'. Een zoon-van-mensen - de Mensenzoon - maar tegelijk de Zoon van God, 'de tweede persoon van de Heilige Drievuldigheid'.

Alleen was het makkelijker die dogma's af te kondigen dan ze de gelovigen te doen aanvaarden en ze te doen naleven. Want vanuit het Oosten lagen vooral die christologische uitgangspunten vele eeuwen onder vuur. Daarvoor zorgden de twee monotheïstische concurrenten van het christendom, het aloude jodendom en de latere islam, die zich geen Godmens en geen Drievuldigheid konden voorstellen. Maar die beroering werd tevens gedragen door de kerken zelf. Die stonden bloot aan veel oudere bekoringen als het Perzische dualisme en het Egyptische gnosticisme. Het waren bekoringen waarvoor het Oosten eeuwenlang veel gevoeliger bleef dan het Westen.

Een eerste grote bedreiging voor de gangbare christologische uitgangspunten, vastgelegd op de eerste oecumenische concilies, vormde het arianisme. Geen mens heeft het christendom van zijn tijd dieper verdeeld dan Arius (250?-336), een Alexandrijns-Egyptische priester, misschien van Libische afkomst. Voor zover we zijn opvattingen kunnen reconstrueren, want het arianisme werd eeuwenlang vurig bestreden. De man legde een overdreven nadruk op de menselijkheid van de Nazarener, ten nadele van zijn goddelijkheid. Formeel was 'de Zoon' voor hem 'jonger en ondergeschikt aan de Vader'. Arius kwam vooral in botsing met zijn bisschop, Alexander van Alexandrië, later met diens beruchte opvolger Athanasius. Het concilie van Nicea heeft het arianisme in 325 formeel veroordeeld. Arius zelf werd naar het verre Illyricum verbannen. In 381 werd het arianisme door het concilie van Constantinopel definitief afgewezen. Zeven jaar later zou Theodosius I, de laatste keizer van het nog onverdeelde Romeinse rijk, het katholiek-orthodoxe standpunt met geweld opdringen. Maar alle veroordelingen en verbodsbepalingen mochten niet baten. In de 5de eeuw zouden zelfs barbaarse invallers zoals de Goten het arianisme overnemen, in een tijd dat uitsluitend de Franken onder de altijd oorlogvoerende Clovis in het Westen de orthodoxe christologie trouw bleven.

Nog ingrijpender was de invloed van de joods-christelijk-Perzische profeet Mani (216-277), de gangmaker van het manicheïsme. Mani was de profeet van een antropologisch, ontologisch en zelfs kosmisch dualisme tussen goed en kwaad, lichaam en geest, hemel en hel. Aansluitend bij een gnostische levensbeschouwing, een kwestie van esoterische geheimen die uitsluitend van hart tot hart worden doorgegeven, lag het manicheïsme aan de basis van de eerste katharen. De naam voor zuiveren van hart en geest die zich van deze boze wereld afkeerden om nog uitsluitend een geestelijk en gezuiverd bestaan te leiden. Toen katharen in de 11de en 12de eeuw ook in Zuid-Frankrijk opdoken, lieten paus en koning hen meedogenloos afslachten. Hun fysieke vernietiging lag aan de basis van de eerste inquisitie, het werk van kerkelijke onderzoeksrechters om elk spoor van ketterij sindsdien tijdig op te sporen en ook in de geesten uit te roeien.

Een derde dwarsligger in het Oosten was Nestorius van Constantinopel (381-451), een Syrische monnik en patriarch van Constantinopel, tot hij in 431 door het concilie van Efese veroordeeld werd. Omdat hij, zoals de vroegere arianen, de godheid van Christus loochende of minimaliseerde. Of omdat hij een scheiding voorstond tussen Jezus' goddelijke en diens menselijke kenmerken – de man Jezus en de heilige Zoon van God. Zo leerde Nestorius dat het God niet was die werd gekruisigd, wel Jezus van Nazareth. De bijzonder missionaire nestorianen, die het christendom het eerst in India en China introduceerden, konden nooit helemaal uitgeroeid worden. Zo ver van Rome en Constantinopel omringde zelfs

Dzjengis Khan, de grote Mongoolse veroveraar, zich in de 13de eeuw het liefst met nestoriaanse christenen.

Nestorius' grootste tegenstander was Cyrillus van Alexandrië (378?-446), gangmaker van het monofysitisme maar tevens een onverdraagzame zeloot die niet vies was van geweld. Ironisch genoeg was ook Cyrillus, zoals Nestorius, een tegenstander van het orthodox-katholieke uitgangspunt van 'één God in twee naturen'. Alleen beriep Cyrillus zich niet op de menselijke maar op de goddelijke natuur van Christus. Volgens Cyrillus was de menselijke natuur van Christus 'een passief instrument van zijn goddelijke natuur'. Dat proclameerde hij in een tijd dat ook de patriarchen van Alexandrië en Antiochië monofysieten waren. Dat waren in de late 5de en vroege 6de eeuw ook de Byzantijnse keizers, Zeno en Anastasius I, alsook de Byzantijnse patriarch van Constantinopel. Het was in die jaren dat Rome zich opwierp als het enige patriarchaat 'dat nooit gedwaald had', een verre voorbode van de latere onfeilbaarheid. Rome als de enige van de vijf patriarchaten die de oecumenische concilies van Nicea (325), Constantinopel (381), Efese (431) en Chalcedon (451) onverkort was trouw gebleven.

Het monofysitisme, een stelling die wezenlijk inhield dat Christus een God was maar geen mens, vond veel aanhang onder de Syrische jacobieten, de Egyptische kopten en de Ethiopiërs. Nochtans waren de Syrische jacobieten volgelingen van de beroemdste bisschop van Edessa, Jacob of Jacobus Baradeus, een bevlogen monofysiet uit de 7de eeuw. Jacobus was zelfs de leidsman van de Syrische of Aramese monofysieten, sindsdien ook jacobieten genoemd. Dat standpunt bracht hem in conflict met de orthodoxe visie van de oecumenische concilies. In gebiedsdelen binnen het Byzantijnse rijk konden keizer en patriarch naderhand de monofysieten terugdringen. Maar dat konden ze niet, of veel minder, in gebiedsdelen onder Perzische, later onder islamitische voogdij.

Overigens stonden de monofysieten nog het dichtst bij het Joodse en islamitische monotheïsme. Zo valt niet uit te sluiten dat tal van monofysitische gemeenschappen in het Oosten, te beginnen met de Syrische of Aramese jacobieten en de Egyptische kopten, de opkomst van de islam als een bevrijding ervaren hebben. Een terugkeer naar het zuivere monotheïsme van de orthodox-katholieke concilies en dogma's. Nochtans beschikte het Oosten in het eerste millennium over de enige relikwie, de latere lijkwade, die hen de menselijkheid van Christus nooit kon doen vergeten. Zonder de gelovigen ertoe te bewegen arianen of nestorianen te worden. Een zo krachtig beeld, het gelaat van de gekruisigde, dat tegelijk orthodoxen, katholieken en scheurmakers kon aanspreken. Het zegel van de katholieke en orthodoxe christologie van de acht oecumenische concilies van het eerste millennium.

Zo werd de lijkwade of het mandylion alvast in Constantinopel ervaren. Het was de eerste locatie waar de lijkwade in de jaren 944-1204 zo frequent te zien was dat het een icoon werd van een nog onverdeelde kerk in een nog onverdeeld wereldrijk. Een icoon die een breuk tussen Oost en West nog had kunnen voorkomen. Mogelijk geldt dat ook voor de nog diepere breuk tussen de oecumenische concilies – van katholieken en orthodoxen – en afwijkende of ketterse geloofstradities.

Die icoon hebben de Latijnse plunderaars van het Byzantijnse Constantinopel in 1204 verbrijzeld. Niet alleen door de lijkwade of het mandylion 'te doen verdwijnen', tot die anderhalve eeuw later voor het eerst in het Westen opdook. Maar meer nog door het Byzantijnse rijk zelf een zo zware slag toe te brengen dat het christelijke Constantinopel zich van die ramp nooit meer zou herstellen. De grootste stad van de christelijke wereld, die meer dan tweeduizend jaar lang in handen was van Grieken of Romeinen, werd in 1453 door Turks-Osmaanse moslims veroverd. 1453 was de kroon op het duivelswerk van 1204, het jaar dat de lijkwade uit Constantinopel verdween.

10

Het kleed van Edessa

Alle Byzantijnse bronnen zijn het er over eens dat het mandylion of het kleed van Edessa, in voorkomend geval de latere lijkwade van Turijn, in 944 vanuit de Syrisch-Aramese stad Edessa naar Constantinopel verhuisde. Dat was in 944 niet zo vreemd, vermits Edessa eeuwenlang een stad was in het Byzantijnse rijk. De stad viel in 609 in handen van de Perzische Sassanieden, in 639 gevolgd door de eerste moslims. In 971 werd Edessa nog na bloedige gevechten door de Byzantijnen heroverd. Wonderlijk genoeg was Edessa de eerste stad in de regio die in 1098 in handen viel van Latijnse kruisvaarders. Kruisvaarders die er een eerste Latijns graafschap vestigden, graafschap dat al in 1144 als eerste door moslims heroverd werd. De huidige naam voor het oude Edessa is de stad Urfa, in het zuidoosten van Turkije.

Edessa, stad in het noorden van Mesopotamië, was de Griekse naam voor het oude Orrha, Orrhoa of Osroène, een Aramese of oud-Syrische variant van Chosroes, tevens de naam van diverse Perzische koningen. Het was een welvarende stad in een vruchtbare vlakte, aan drie kanten door bergen omgeven, stad op de handelswegen tussen Anatolië en Mesopotamië. Aangenomen wordt dat de stad door de Griekse seleuciden, opvolgers van Alexander de

Grote in Syrië, Edessa genoemd werd. Dat was een verwijzing naar de oude hoofdstad van Macedonië, ten tijde van Alexander hoofdstad van de landstreek Pella. In de 2de eeuw v.C. werd het de hoofdstad van de Abgarendynastie, stichters van het koninkrijk Osroène/Edessa.

In de jaren -132+214 telde Edessa 28 koningen, wellicht van Arabische of Aramese afkomst. Taal van Edessa was alvast het Aramees, de oud-Syrische voertaal van het Perzische maar ook van het Babylonische rijk en van de toenmalige Romeinse provincie Syrië. Zo was het Aramees ook de moedertaal van Jezus van Nazareth. De taal van het oud-Syrische Aram, niet te verwarren met het Armeens dat in Armenië gesproken werd. In 212 werd Edessa door de Romeinen veroverd, die er een Romeinse kolonie vestigden, Colonia Edessorum. Al moesten de Romeinen er nog lang slag leveren tegen Parthen en Perzen.

Een oude traditie wil dat de lijkwade van de Nazarener al in apostolische tijden in Edessa terechtkwam. Die traditie vermeldt dat ene Taddeus, een leerling van de Nazarener maar geen apostel, de lijkwade al in het jaar 30 naar Edessa bracht. Dat zou gebeurd zijn onder de vrome Abgar V, de koning van Edessa die zich net tot het jodendom had bekeerd en die naar verluidt de opdracht gaf om de Bijbel ook in het Aramees te vertalen. Verteld wordt dat Abgar zelf contact zocht met de nog levende Nazarener omdat hij een lepralijder was en hij via zijn Joodse connecties gehoord had 'dat de Nazarener zieken kon genezen'. Helaas arriveerde Abgars gezant te laat in Jeruzalem om van zijn gunsten te kunnen genieten. Die apocriefe traditie zal weinigen overtuigen, omdat Edessa in die jaren zo ver van Jeruzalem lag, 600 km, dat directe contacten niet voor de hand lagen.

Veel waarschijnlijker is dat een latere koning van Edessa, koning Abgar VIII, alias de geromaniseerde Lucius Aelius Septimius Megas Abgarus VIII, in de jaren 177-212 een rol in het nog verborgen leven van de lijkwade kon opeisen. Aangenomen wordt dat

Abgar VIII de eerste koning van Edessa was die zijn land effectief tot het christendom bekeerde. Dat is minder vreemd dan het lijkt omdat de grootste Aramese steden – Damascus en Antiochië – de eerste steden waren waar volgelingen van de Nazarener christenen genoemd werden. Volgens Wilson vertonen koperen munten van Edessa uit die jaren het portret van Abgar VIII met op zijn tiara (in die jaren eerder een muts dan een driekroon) 'een onmiskenbaar christelijk kruis'. Dat was honderd jaar vóór de bekering van de koning van Armenië, Tiridates III, in 314. In 317 gevolgd door de invoering van het christendom in Georgië, waar koning Mirian II en leidende notabelen zich tot het christendom bekeerden. Feit is dat Tiridates en Mirian, respectievelijk in Armenië en Georgië, in die jaren de eerste kerken bouwden, een eeuw na Abgar VIII in Edessa. De samenhang met Armenië en Georgië kan er alvast op wijzen dat een vroegchristelijke kerk in Edessa perfect mogelijk was.

Een eerste literaire verwijzing naar Edessa en de lijkwade kwam er pas in 325. Het jaar dat Eusebius van Caesarea (260-340) in z'n eerste kerkgeschiedenis het bekende verhaal van Abgar V optekende. Dat lepralijder Abgar V, 'toen hij de wonderen van Jezus van Nazareth vernam' een bode naar Jeruzalem stuurde met een uitnodiging voor de Nazarener 'om naar Edessa te komen, want de koning was ziek'. Volgens Eusebius ging de Nazarener daar niet op in, maar stuurde hij een brief naar Abgar. Brief waarin hij de koning beloofde een discipel naar Edessa te sturen 'met een niet-door-mensenhanden-gemaakte afbeelding van hemzelf', afbeelding die Abgar zou genezen hebben.

Nog in de 4de eeuw sprak Cyrillus, bisschop van Jeruzalem, in zijn toespraken en homilieën als eerste over een lijkwade 'waarop de afbeelding van de Heer Jezus in het graf te zien is'. Op het einde van de 4de eeuw verwees ook Hiëronymus van Stridon, de vertaler van de Griekse Bijbel in het Latijn, naar 'de doeken en in het bijzonder de lijkwade, die het lichaam van de Heer omwikkelde'. Weliswaar verwezen Cyrillus en Hiëronymus niet naar Edessa, onder Byzantijns bestuur nochtans een aartsbisdom met 11 suffraganbisdommen, later een stad met wel 300 kerken. Omdat de lijkwade of het kleed van Edessa nog eeuwenlang een verborgen bestaan leidde. Belaagd door heidenen maar ook door christenen die er geen blijf mee wisten. Volgens Anquetil moest de lijkwade in het eerste millennium voortdurend verborgen worden. Al in de jaren 57-377 in een grot te Sumatar (bij Haran, in het noorden van Mesopotamië). In de jaren 377-550 in het bergachtige kloostercomplex van Tûr-Abdin bij de Aramese stad Mardin (thans zuidoost-Turkije). Later in een grot in Cappadocië (Centraal-Anatolië). Een andere traditie wil dan weer dat de lijkwade eeuwenlang verborgen werd in een nis in de stadsmuur van Edessa, waar het doek pas in 523 of 544 zou herontdekt worden. 523 was het jaar dat Edessa door zware overstromingen werd geteisterd. Volgens Van Haelst bleef alleen de hooggelegen Kappapoort min of meer ongedeerd. Daar vonden arbeiders bij herstellingswerkzaamheden in een nis de lijkwade terug. In 544 werd Edessa door de Perzische Sassanieden, onder Chosroës I, belegerd. Naar verluidt droegen de belegerden de lijkwade in processie over de stadsmuren, waarna de Perzen moesten afdruipen.

Feit is dat het archief van Edessa in 544 voor het eerst melding maakte van het mandylion (onder die naam). Een portret van het gelaat van Jezus, 'niet door mensenhanden gemaakt' (*acheiropoieton*). Evagrios Scholastikos, alias Evagrios van Pontus, had het later over 'een op goddelijke wijze gemaakte gelijkenis' (*theoteukon eikona*). Evagrios was in 594 de auteur van een kerkgeschiedenis van 431 tot 594. Het was Evagrios die als eerste bevestigde dat de Nazarener 'niet alleen een brief schreef aan koning Abgar van Edessa', maar hem ook 'een portret van zichzelf' stuurde, zij het 'een bijzonder portret dat op een wonderbare wijze was ontstaan' en dat in Edessa een grote verering genoot, sinds de lijkwade in 544 de stad zou behoed hebben voor een invasie van Perzische troepen.

Of het kleed van Edessa, de latere lijkwade, al die jaren in Edessa verbleef, blijft een raadsel. Zo was Anquetil van oordeel dat de lijkwade al in het jaar 30 naar Edessa verhuisde, maar dat het lijnwaad om veiligheidsredenen eeuwenlang in Aramese grotten of kloosters moest opgeborgen worden. Zodat de kostbare relikwie uitsluitend in de jaren 550-730 en 788-944 in Edessa zelf bewaard werd. Of de lijkwade er ooit voluit vertoond werd, is weinig waarschijnlijk. Omdat we uit Byzantijnse bronnen weten dat het linnen al in Edessa in acht gelijke delen zo gevouwen werd dat uitsluitend het gelaat van de Gekruisigde te zien was.

Het grootste verschil met het traject van de lijkwade bij Anquetil is bij Boie te vinden. Vooreerst zou de lijkwade volgens Boie in de jaren 30-135 nog in Jeruzalem gebleven zijn. Om pas in het jaar 135, na de laatste Joodse opstand tegen de Romeinen en de definitieve val van Jeruzalem, naar Edessa te verhuizen. Nog vreemder is de versie van Boie als hij vervolgt dat het lijnwaad in 335 nog vanuit Edessa naar Jeruzalem terugkeerde. Om er bijna vier eeuwen in de pas gebouwde Heilig-Grafkerk bewaard en geregeld vertoond te worden, vooraleer in 750 naar Edessa terug te keren.

Een zo lang verblijf van de lijkwade in Jeruzalem, tot het jaar 135 het hart van de Joodse wereld, is dubieus omdat geen gelovige Jood ooit een lijkwade zou bewaren en geen christen die lijkwade uitgerekend in Jeruzalem zou vereren. Bovendien impliceert de versie Boie dat de lijkwade in Jeruzalem bewaard werd onder de grote Joodse opstand in de jaren 66-70, die zo bloedig door de Romeinen werd neergeslagen dat de stad na een lange belegering vrijwel helemaal verwoest werd. En in de jaren 330, onder keizer Constantijn, werd Jeruzalem weliswaar een christelijke stad maar bleef het nog eeuwenlang eerder een puinhoop dan een stad die de veiligheid van een zo kostbare relikwie kon garanderen. Dat bleek nog in 614 toen Jeruzalem door de Perzische Sassanieden, altijd op voet van oorlog met Constantinopel, in verhouding even gruwelijk geplunderd en uitgeroeid werd als dit onder de Romeinen het geval was. Het is bekend dat de Perzen in 614 vanuit Jeruzalem het heilig kruis in triomf met zich meevoerden, een relikwie die al in 628 door Byzantijnse kruisvaarders kon heroverd worden. Van de lijkwade was in die jaren, alvast in Jeruzalem, geen spoor meer te vinden.

Weliswaar voert Boie getuigen op die de lijkwade in die jaren in Jeruzalem zouden gezien hebben. Zo verwijst hij naar bisschop Braulio van Saragossa, die het in 631 had over 'een sinds lang bekende en vereerde lijkwade van Jezus Christus, die bewaard wordt in de Heilig-Grafkerk te Jeruzalem'. Waarbij Gruber en Kersten bij Braulio hooguit lazen 'dat de linnen doeken en de zweetdoek wel werden gevonden, maar dat er geen aanwijzingen waren waar hij werd bewaard'.

In 670 vermeldde de Frankische bisschop Arculf van Périgueux, rond 640 op bezoek in Jeruzalem, in zijn relaas 'dat de reliek in Jeruzalem openlijk was uitgestald en werd aanbeden'. Arculf had het over 'een grote lijkwade, ongeveer 8 voet lang (2m40), waarop het beeld van de Heiland in het graf staat afgedrukt'. En er is een korte verwijzing, door de Engelse benedictijn Beda Venerabilis omstreeks het jaar 725 opgetekend in zijn boek *De Locis Sanctis*, over 'de lijkwade van de Heer die men thans bewaart in de Heilig-Grafkerk te Jeruzalem'.

Volgens Ian Wilson blijft het 'een Byzantijnse puzzel' om het traject van het kleed van Edessa, mogelijk de latere lijkwade van Turijn, tijdens het eerste millennium te reconstrueren. Maar het blijft een feit, aldus Wilson, dat doorheen het eerste millennium steevast verwezen werd naar het kleed of het doek van Edessa, nooit naar het kleed van Jeruzalem. Al blijft er van de oudste christelijke stad ter wereld, sinds Edessa in 1144 definitief door moslims op de christenen heroverd werd, geen christelijk spoor meer over.

11

De lijkwade belaagd

Het bewogen en onduidelijke traject dat het kleed van Edessa of de lijkwade in het eerste millennium zou gevolgd zijn, verwijst in eerste instantie naar woelige tijden. Zo lag Edessa van oudsher op een kruispunt van handelswegen die Klein-Azië verbonden met het Aramese Syrië, Mesopotamië, Perzië en het Midden-Oosten. Maar in bewogen tijden was een kruispunt een frontlijn. Zo had het gekerstende Oost-Romeinse of Byzantijnse rijk machtige vijanden als de Perzische Sassanieden, later de Arabische veroveraars van West-Azië, het Midden-Oosten en Noord-Afrika. Het ligt voor de hand dat een frontstad als Edessa nog het eerst en het meest in de klappen deelde. Vandaar dat kostbare relikwieën, zoals het kleed van Edessa, eeuwenlang in grotten of kloosters moest verborgen worden. Tot het lijnwaad met afbeelding van de Gekruisigde in 944 uiteindelijk binnen de veilige muren van Constantinopel kon opgeborgen worden.

Toch waren er minstens twee andere redenen om de lijkwade te belagen. Vooreerst was er de lijkwade zelf, voor Joden per definitie onrein. Maar nog zwaarder woog het Joodse, later ook islamitische verbod, op het maken van afbeeldingen. Het eerste verbod woog het zwaarst in een tijd dat nog vele christenen Joden waren. Voor niet-joodse christenen moest het taboe op het aanraken van een lijkwade snel wijken voor het tweede verbod. Ook het verbod op het maken van afbeeldingen was van Joodse origine. Maar in dit geval zou het effect van dit verbod onder christenen veel langer nawerken. Nog in de 7de en 8ste eeuw leidde het verbod op het maken van afbeeldingen ook in de christelijke kerken tot een heuse beeldenstrijd die, dankzij de patriarch van Rome, maar nipt door de makers en vereerders van afbeeldingen kon gewonnen worden. Het is een wonder dat een lijkwade met afbeelding van de Gekruisigde dit dubbelverbod zou overleven.

In de Joodse traditie lag er ten tijde van de Nazarener een heus taboe op het omgaan met lijken, bloedsporen en linnen doeken of kledingstukken waarin het lichaam van een afgestorvene gewikkeld werden. Volgens Lavoie was elke omgang met lijken maar ook met zweetdoeken of lijkwades, die bij een begrafenis gebruikt werden, ritueel onrein. Al wie een lijk had aangeraakt, of voorwerpen of doeken op het lichaam van een afgestorvene, moest dus ritueel gereinigd worden. Uitgesloten waren het opvangen of bewaren van bloed van de afgestorvene, alsook het bewaren van linnen doeken of lijkwades die bij een begrafenis gebruikt werden. Dat alles moest met de afgestorvene begraven worden. In geen geval kon een lijkwade een tweede keer gebruikt worden.

Dat de eerste christenen de lijkwade bewaarden kan er natuurlijk op wijzen dat ze zich ook op dit punt al van hun Joodse voorgangers distantieerden. Zoals de eerste christenen volgens de Handelingen van de Apostelen ook de Joodse besnijdenis afwezen en de Joodse spijswetten. Omdat de jonge christenheid zich meteen tot 'alle volkeren' en dus ook tot de heidenen richtte en hen geen (Joodse) verplichtingen wou opleggen die hun kerstening nodeloos zouden bezwaren. Maar het bewaren van de lijkwade door de eerste christenen kon natuurlijk ook inhouden dat de afgestorvene niet dood was, want al op de derde dag verrezen. Technisch religieus gesproken was de lijkwade op dat moment geen lijkwade meer. Want het lichaam of het lijk dat er in neergelegd werd, was weer uit de dood opgestaan. Daarom kon en mocht zijn lijkwade wel degelijk bewaard en vereerd worden, alsook druppels van zijn heilig bloed die op Golgotha door een pientere Jozef van Arimatea konden opgevangen worden. Omdat de Joodse reinheidswetten uitsluitend betrekking hadden op een dode, niet op een levende.

Feit is dat Joodse bezwaren tegen het bewaren van een lijkwade, in dit geval de lijkwade van de Nazarener, blijkbaar niet van toepassing verklaard werden. Althans niet door de eerste christenen. Alleen wil dit niet zeggen dat er onder de eerste christenen, veelal nog geboren Joden, geen tegenstanders van de lijkwade waren. Vandaar dat de eerste christenen allicht uiterst omzichtig met de lijkwade omgingen. Dat blijkt al uit de evangelies, vooral in de verrijzenisverhalen, die elkaar vaker tegenspreken dan ze in alle duidelijkheid hetzelfde verhaal vertellen. Latere tegenstanders van de lijkwade hebben op dit punt geen ongelijk. Van een afdruk van de Gekruisigde op de lijkwade is in de evangelies geen spoor terug te vinden. Typerend was de opmerking in het Johannesevangelie over 'de door Jezus beminde leerling' die met de apostel Petrus als eerste het lege graf betrad. 'Hij zag en hij geloofde' (Joh 20, 8). Wat 'de door Jezus beminde leerling' zag, naast de opgerolde 'zweetdoek die zijn hoofd had bedekt', komen we niet te weten. Omdat geen Jood kon schrijven of toegeven dat hij een afbeelding van de Gekruisigde had gezien.

Dat laatste heeft alles te maken met het tweede Joodse taboe, het verbod op afbeeldingen. Bewust verbod was redelijk radicaal. 'U zult geen beelden maken, geen afbeelding van enig wezen boven in de hemel, beneden op de aarde of in de wateren onder de aarde' (Exodus 20,4). Dit verbod ging dus veel verder dan een verbod op het afbeelden van de Allerhoogste, afbeeldingen zo kenmerkend voor Grieken en Romeinen. Die er geen enkel probleem mee hadden om hun goden en godinnen in hun tempels af te beelden. Het was een verbod op elke afbeelding als zodanig. Een zo radicaal verbod dat ook christenen aanvankelijk elke afbeelding bleven wantrouwen, zeker afbeeldingen van Christus. Zelfs voor een afbeelding van Christus aan zijn kruis zou het vele eeuwen duren vooraleer een zo gedurfde voorstelling van zaken door christenen kon aanvaard worden.

De logica van een verbod op afbeeldingen lag voor de hand. Zeker in Grieks-Romeinse tijden waren afbeeldingen van goden en godinnen het handelsmerk van vrijwel alle afgodendienaars. Voor een vrome Jood was gewoon elke afbeelding een afgod. Een valse god, in de traditie van het Gouden Kalf in het Bijbelboek Exodus. Een door mensen gemaakte en afgebeelde God en dus niet de ware God die zich op de Sinaï aan Mozes openbaarde. Die God kon door geen mens afgebeeld worden. Het Joodse heilige der heiligen, in de tempel van Jeruzalem, was hooguit een lege ruimte, verlicht door een zevenarmige kandelaar. Daar stond geen schilderij of geen beeldhouwwerk van de Allerhoogste. De Joodse God kon gewoon niet afgebeeld worden. Zelfs Zijn naam kon door geen sterveling genoemd worden.

Toch lieten de eerste christenen zich vrij snel verleiden tot afbeeldingen, veelal fresco's of muurschilderingen, waar Jezus als de Goede Herder of Maria als de Moeder Gods te kijk stonden. Dat blijkt al uit muurschilderingen die in de Romeinse catacomben teruggevonden werden, ondergrondse begraafplaatsen waarin christenen begraven werden en vooral heiligen en martelaars vereerd werden. Tot die heiligen en martelaars behoorden in het bijzonder de twaalf apostelen en de vier evangelisten. Een belangrijk argument ten voordele van deze eerste christelijke afbeeldingen was trouwens de incarnatie of menswording van Jezus Christus. Weliswaar kon geen kunstenaar zijn goddelijke natuur weergeven, maar wel zijn menselijke gedaante.

In het Oosten ontwikkelde de christelijke schilderkunst zich via de icoon tot een zichtbare weergave van een onzichtbare, hemelse, werkelijkheid. Daar werden de heiligste iconen, zoals het portret van Edessa, beschouwd als 'niet-door-mensenhanden-gemaakt' (*acheiropoieton*), zodat ze mochten vereerd worden. Alsof God zelf ons door een icoon de hemelse werkelijkheid liet zien. De oosterse iconografie kende dan ook een heel andere ontwikkeling dan de westerse religieuze schilderkunst. In het Westen ontwikkelde de religieuze schilderkunst zich tot een zo getrouw mogelijke weergave van een religieus maar realistisch tafereel. In het Oosten bleef de iconografie een verwijzing naar de eeuwigheid. Geen subjectieve weergave van een individuele schilder, maar een objectieve kopie van het hemelse oerbeeld.

Zo getuigen mozaïeken in de Hagia Sophiakathedraal van Constantinopel en kerken in Ravenna, vele jaren de stad van de Byzantijnse exarch in het Westen, van een bloeitijd van de Byzantijnse religieuze kunst onder keizer Justinianus I (6de eeuw). Dat was ook de eeuw van de oudste iconen op houten panelen, teruggevonden in het Sint-Catharineklooster in de Sinaï. Misschien was het de opkomst en doorbraak van de islam in de 7de eeuw, toen de islam in geen tijd grote delen van het Byzantijnse rijk kon inpalmen, die de oudste christelijke afbeeldingen op fresco's of mozaïeken weer terugdrongen. Want het Westen bleef deze eerste beeldenstrijd bespaard. Het was in het christelijke Oosten, misschien ook ingegeven door de oud-Joodse weerstand tegen het maken van afbeeldingen, dat de beeldenstrijd de felste tegenstellingen opriep.

De aanval op afbeeldingen werd in 726 ingezet door de Byzantijnse keizer Leo III de Isauriër, die in Constantinopel een verbod afkondigde dat in 730 gevolgd werd door een bevel om alle afbeeldingen te vernietigen. Als de patriarch van Constantinopel, Germanus, zich hiertegen verzette, werd hij gewoon door de keizer afgezet. In het Westen gingen de poppen maar aan het dansen toen de keizer het iconenverbod ook in 'zijn' deel van Italië wou doen naleven. Daar kreeg hij van de toenmalige paus Gregorius II meteen te horen dat de keizer 'zich niet met theologische kwesties mocht bemoeien'. De beeldenstrijd zou de betrekkingen tussen Rome en Constantinopel meer dan honderd jaar vertroebelen.

Omdat de pausen het been stijf hielden, gingen in het Westen weinig kunstschatten verloren. Maar in het christelijke Oosten werden door iconoclasten naar verluidt ravages aangericht waarbij tal van iconen voorgoed verloren gingen. Volgens Anquetil waren dat ook de jaren dat het kleed van Edessa – de oosterse icoon bij uitstek – weer in een onvindbare nis verborgen werd, in dit geval in de bergen van Cappadocië.

In 787 kon het 2de concilie van Nicea, het 7de oecumenische concilie, de grootste brokken lijmen. Sindsdien mochten beelden weer vereerd, maar niet aanbeden worden. Toch deed het christelijke Oosten er nog eens een halve eeuw over om de beeldenstrijd effectief te beëindigen. Pas in 843 werd de verering van iconen er weer officieel toegelaten, maar dan 'uitsluitend tweedimensionele, geen driedimensionele iconen'. Wel tweedimensionele schilderijen, fresco's of mozaïeken, maar geen driedimensioneel beeldhouwwerk. Volgens Anquetil vierde Edessa het jaar 843 met een zeldzame vertoning van het kleed van Edessa in de kathedraal van de stad. Bovendien was het in 943, ter gelegenheid van de 100ste verjaardag van het einde van de beeldenstrijd, dat de Byzantijnse keizer zijn leger naar Edessa stuurde om de kostbaarste relikwie die de beeldenstrijd overleefde mee te nemen naar Constantinopel.

In het Westen kwam er pas in de 16de eeuw een beeldenstorm op gang. Toen vanuit het protestantisme en met name het calvinisme met het oog op het Bijbelse verbod op het vereren van beelden, een storm opstak waarbij in ontelbare katholieke kerken en heiligdommen religieuze kunstvoorwerpen vernield werden. De 16de-eeuwse beeldenstorm woedde het felst in de Nederlanden, maar ook in het Duitse rijk, Frankrijk, Schotland en zelfs Denemarken. Die storm ging pas in de 17de eeuw weer liggen. Maar vooral protestantse kerken zouden er altijd veel soberder uitzien dan hun vaak overvloedig versierde katholieke tijdgenoten.

12

De lijkwade en de graal

Als het kleed van Edessa en de latere lijkwade van Turijn authentiek zijn en een afbeelding van de gekruisigde Nazarener vertonen, was Jozef van Arimatea de eerste behoeder ervan. Het was Arimatea die in de vier evangelies opgevoerd wordt als de man die op Goede Vrijdag een lijkwade kocht om er het lichaam van de Gekruisigde in op te bergen. Om het lichaam naderhand neer te leggen in een grafkelder die hij voor zichzelf nabij Golgotha in de rotsen had laten uithouwen. Helaas is het Arimatea vergaan zoals Maria Magdalena. Hij wordt alleen in de vier evangelies en uitsluitend in de lijdensverhalen vermeld, geflankeerd door een al even schimmige Nikodemus.

Zo is over Arimatea weinig bekend. Vaststaat, volgens de vier evangelisten, dat 'hij een rijk man was die zich als leerling bij Jezus had aangesloten' (Mt 27,57), 'een vooraanstaand lid van de Hoge Raad, die zelf ook in de verwachting van het Rijk Gods leefde' (Mc 15,43), 'een welmenend en rechtschapen man, afkomstig uit de Joodse stad Arimatea' (Lc 23,50), 'een leerling van Jezus, maar in het geheim, uit vrees voor de Joden' (Joh 19,38). Dat hij een rijk man was, mag blijken uit het feit dat hij het was die voor een (dure) lijkwade zorgde en die voor zichzelf al een graf had laten uitgraven in de rotsen bij Golgotha. Met Hoge Raad wordt hier het Joodse sanhedrin bedoeld, het hoogste Joodse politiek-religieus-wetgevend gezagsorgaan (goed voor 71 leden). Een gezagsorgaan dat onder Romeinse voogdij in Joodse aangelegenheden een verregaande autonomie genoot.

Volgens de vier evangelies was het dat sanhedrin dat de Nazarener aan de Romeinen had overleverd, al merkte Lucas op dat Arimatea (als lid van het sanhedrin) 'niet had ingestemd met hun plannen en handelswijze'. En in de evangelies was het Arimatea die nog op Goede Vrijdag naar Pilatus toog, de Romeinse landvoogd. Om het lichaam van de Nazarener nog voor de avond viel, het begin van de Joodse sabbat, van het kruis te mogen afnemen. Dat deed hij samen met de al even raadselachtige Nikodemus, in Jeruzalem ook bekend als *Naqdimon*, eveneens lid van het sanhedrin en in het geheim een leerling van de Nazarener. In het Johannesevangelie (3,1-21) was het Nikodemus die de Nazarener wel eens 's nachts opzocht, om niet gezien te worden. Op Golgotha was het Nikodemus die zorgde voor pakken mirre en aloë, om het lichaam van de Nazarener, samen met Arimatea, te kunnen verzorgen. Ook Nikodemus moet een vermogend man geweest zijn.

Als de man die de lijkwade kocht en die de Nazarener neerlegde in het graf dat hij voor zichzelf liet uithouwen, is Arimatea de meest voor de hand liggende figuur die zich ook over de latere lijkwade zou ontfermen. Helaas deelde Arimatea het lot van Maria Magdalena, dat hij na de Goede Week uit het Nieuwe Testament zou verdwijnen. Wel zijn er apocriefe teksten, door de kerken niet-erkende tijdgenoten van de 27 boeken van het Nieuwe Testament, die zijn spoor volgen. Zo vermeldt het apocriefe evangelie van Petrus Arimatea als 'een vriend van Pilatus', wat kan verklaren waarom de Romeinse landvoogd er zo vlot mee instemde dat hij het lichaam van de Nazarener weer van het kruis mocht halen. Nog opvallender is het verhaal in de Byzantijnse Handelingen van Pilatus dat Arimatea al op paaszaterdag door de Joodse leiders als een volgeling van de Nazarener werd opgepakt en opgesloten. Tot hij op Pasen zelf op mysterieuze wijze uit zijn gevangenis kon ontkomen. Nadat engelen zijn gevangenis 'aan zijn vier hoeken' optilden en de verrezen Jezus hem verscheen, 'zijn lijkwade als een bewijs van zijn identiteit in zijn handen'. Volgens een Georgische tekst uit de 5de of 6de eeuw ontpopte Arimatea zich naderhand tot een vroegchristelijke missionaris in Frygië en Galatië. Mogelijk was hij een medewerker van de apostel Filippus die het evangelie verkondigde in Griekenland en Klein-Azië en die in Frygië de kruisdood zou sterven.

Dat is alvast de mening van de Amerikaanse historicus en sindonoloog Dan Scavone, verbonden aan de universiteit van Southern Indiana. Het was Scavone die onder meer opmerkte dat Filippus niet het evangelie verkondigde in Gallië, het latere Frankrijk – *Gallis praedicavit Christum* – maar bij de Galaten, Galliërs die zich in Klein-Azië gevestigd hadden, bekend gebleven om een brief van Sint-Paulus 'aan de Galaten'. Scavone maakt ook brandhout van een oude traditie die wil dat Arimatea ooit het evangelie preekte in Glastonbury, in het zuidwesten van Engeland.

Aan de basis van dat misverstand, aldus Scavone, lag een inlas van een anonieme monnik uit de 6de eeuw. Die zou rond het jaar 530 het *Liber Pontificalis* of pausboek gekopieerd hebben, met toegevoegde vermelding dat paus Eleutherus (2de eeuw) een brief zou ontvangen hebben van de Britse koning Lucius – *Britannio rege Lucio* – die hem vroeg hoe hij christen kon worden. Waarbij de paus twaalf missionarissen naar Engeland zou gestuurd hebben, missionarissen die beschouwd werden als de gangmakers van de kerstening van Engeland. Een verhaal dat in de 8ste eeuw klakkeloos werd overgenomen door de oudste Britse historicus, Beda Venerabilis. Probleem was, aldus Scavone, dat er in de 2de eeuw geen Britse koningen waren vermits het land nog als een Romeinse provincie bestuurd werd. En dat er eind van de 2de eeuw maar één christelijke koning als Lucius bekend stond, Lucius Aelius Septimius Megas Abgardus VIII, de eerste christelijke koning van Edessa.

Aan de basis van het misverstand lag volgens Scavone de bouw, door Abgar VIII in 205, van een nieuw koninklijk paleis in Edessa, in het Aramees de *Birtha* genoemd, in het Latijn vertaald als *Britium*, ook *Britio Edessenorum*. Met alle gevolgen van dien. Want als de Lucius uit het *Liber Pontificalis* geen Britse koning was, maar de koning van Edessa, ligt het voor de hand dat Arimatea, mogelijk met zijn lijkwade, niet naar Engeland maar naar Edessa is uitgeweken.

Scavones belangrijkste stelling is echter dat Arimatea niet alleen de eerste hoeder was van de lijkwade maar ook de eerste hoeder van de heilige graal. Of dat de lijkwade ook de middeleeuwse graal was, de meest gezochte middeleeuwse relikwie, meestal vereenzelvigd met de kelk van het Laatste Avondmaal – 'neemt en drinkt, dit is mijn bloed' – of de schotel waarmee door Arimatea onder het kruis het bloed van de stervende Nazarener werd opgevangen. Middeleeuwse auteurs zochten vooral die historische kelk, volgens Britse tradities in Glastonbury begraven. Volgens Scavone ging het in feite om de lijkwade, tegelijk doordrenkt met het bloed van de Nazarener en met afdruk van het lichaam van de Gekruisigde. Kortom de echte graal die minstens sinds Abgar VIII in Edessa te vinden was.

Een sterk argument van Scavone is dat de graal – veelal begrepen als een relikwie met sporen van het heilig of koninklijk bloed van de Nazarener, mogelijk afgeleid van *Sang Real* – pas opdook in de late 12de en vroege 13de eeuw. Dat was precies het tijdsgewricht dat de lijkwade – in 1204 – in Constantinopel verdween. Gangmakers van de graallegende waren drie dichters die los van elkaar maar vrijwel tegelijk, eind van de 12de eeuw, in versvorm hun graalversie neerschreven. Scavone zelf hecht het grootste belang aan de Franse dichter van Anglonormandische afkomst Robert de Boron. De Boron was in de late 12de eeuw immers de dichter van de *Joseph d'Arimathe*, alias zijn *Estoire dou Graal*. Het was een deel van een trilogie, naast zijn *Merlin* en zijn *Perceval*. Voor De Boron was de graal de kelk die de Nazarener bij het Laatste Avondmaal gebruikte en waarin Arimatea onder het kruis het bloed van Christus opving. Ook was het De Boron die Arimatea introduceerde als de eerste behoeder van de graal.

Andere graalauteurs uit dezelfde tijd waren Chrétien de Troyes en Wolfram von Eschenbach. Chrétien de Troyes (1135?-1183) was hofdichter van hertogin Maria van Champagne, een dochter van Eleonore d'Aquitaine. Later was hij verbonden met het hof van Filips van den Elzas, graaf van Vlaanderen. Chrétien was de man die de Britse koning Arthur deed herleven, de laatste Keltische koning van Brittannië die nog in 495 bij Mons Badonicus, bij Bath, de Germaanse invallers (vooral Angelen en Saksen) versloeg maar die hen niet meer uit Engeland kon verdrijven. Zo schreef Chrétien vijf ridderromans rond het Arthurthema. Dat waren ook de jaren dat Arthur opdook in de biografieën van Geoffrey van Monmouth, in de 12de eeuw de man die de legenden van Arthur en Merlijn tot een geheel aaneenschreef. Wolfram von Eschenbach stamde uit een Frankisch riddergeslacht. Hij was minnestreel in dienst van de graaf van Durne en landgraaf Herman van Thüringen en leefde in het Beierse Eschenbach. Mogelijk nam hij deel aan de derde kruistocht, in de late 12de eeuw. Wolfram was de auteur van Parzival of Perceval, *le conte du graal*, versroman waarin hij de tempeliers opvoerde als de hoeders van de graal.

Scavones voorkeur voor De Boron ligt voor de hand. Alleen bij De Boron is Arimatea de hoofdfiguur, niet de legendarische koning Arthur (Chrétien de Troyes) noch de fictieve Parsifal (Wolfram van Eschenbach). Weliswaar had geen van de graalauteurs het over een lijkwade. Volgens Scavone was dat in de late 12de eeuw niet zo vreemd, want de lijkwade werd nog in Constantinopel bewaard en geen westerling kon er zich een oordeel over vormen. Pas in 1098 werd Edessa door de kruisvaarders veroverd en eerst in 1204 viel hen ook Constantinopel in handen, waar het ongetwijfeld kruisvaarders waren die de lijkwade met zich meenamen. Wat de graal precies was, bleef bij de auteurs van de graallegende overigens een groot geheim. Maar de naam Arimatea was nooit ver weg. 'Het object was van hem afkomstig en het had iets te maken met het lichaam en bloed van Jezus van Nazareth,' aldus Scavone.

'Als iets dat uniek was en eerbied inboezemde nam de vermeende lijkwade van de Nazarener in de fantasierijke romanliteratuur diverse vormen aan van de heilige graal.' Dat vonden ook Gruber en Kersten. 'Een kelk? Een beker? Een schotel? Een schaal? Wat lag er meer voor de hand dan dat het ware bloed van Jezus werd opgevangen dan zijn lijkwade?' Al was de lijkwade, die ze nooit gezien hadden, voor de 12de-eeuwse auteurs een zo vaag concept dat de graalauteurs eerder kozen voor een kelk, een beker of een schotel. Een constante bleef dat het ging om het bloed van de Nazarener, hetzij het bloed of de wijn van het Laatste Avondmaal, hetzij het bloed dat onder het kruis door Arimatea werd opgevangen. Het virtuele bloed van de transsubstantiatie, de oervorm van elke christelijke eucharistieviering, of het reële bloed van de Gekruisigde.

Het was het geheim van Arimatea dat hij beide bloedvormen van de Gekruisigde in zich verenigde. Tegelijk was hij de erfgenaam van de kelk van het Laatste Avondmaal en diegene die onder het kruis het bloed van de Gekruisigde opving. Maar hij was bovendien de man en de hoeder van de lijkwade. Het meest reële bewijs van het lichaam en bloed van de Gekruisigde dat ooit bewaard werd. Zo gezien was de kelk van de graallegendes hooguit een metafoor. Een metafoor voor de lijkwade die in 1204 voor anderhalve eeuw verdween.

13

De sindonologie

Nooit werd een christelijke relikwie wetenschappelijk zo rigoureus onderzocht als de lijkwade van Turijn. Startjaar van dit onderzoek was 1898, afsluiter van de meest wetenschappelijke eeuw ooit maar tegelijk het jaar dat de lijkwade voor het eerst een week lang in de kathedraal van Turijn tentoongesteld werd. Het was een volslagen verrassing dat de wetenschap zich in de 20ste eeuw zo uitvoerig over de lijkwade zou buigen. Want de man die het wetenschappelijk onderzoek met betrekking tot de lijkwade inleidde, Secondo Pia, was zelf geen wetenschapper maar een Italiaanse advocaat en amateurfotograaf. Alleen had Secondo Pia van de Italiaanse koning Umberto I van Savoie de toelating verkregen om ter gelegenheid van de 50ste verjaardag van de Italiaanse grondwet, eigenlijk de Sardijnse grondwet van 1848, de lijkwade te mogen fotograferen.

Het leek een bijna klassiek voorbeeld van serendipiteit, een concept dat wil dat ook grote ontdekkingen vaak het gevolg zijn van toeval of van ontwikkelingen die absoluut niet verwacht werden. Groot was de verbazing van Pia toen hij ontdekte dat het negatieve beeld van zijn foto een veel duidelijker beeld gaf van de afdruk van de Gekruisigde dan zijn positieve foto. Snel besefte hij, op basis van de natuurgetrouwe omzetting van licht- en donkerwaarden, dat negatief en positief in het geval van de lijkwade verwisseld werden. In die zin dat de lijkwade in feite het negatieve beeld van de Gekruisigde vertoont, terwijl het negatief van de lijkwade het natuurgetrouwe – positieve – beeld van de Gekruisigde onthult. Vandaar dat op het negatief van de lijkwade details te zien zijn die het blote oog nauwelijks kan onderscheiden.

De fotografie van Secondo Pia ging in geen tijd de wereld rond. Het waren deze foto's die voor de lijkwade de eeuw van het wetenschappelijk onderzoek openden. Want vooral de negatieven van Pia riepen zoveel vragen op dat wetenschappers van uiteenlopende disciplines – natuurkundigen, scheikundigen, biologen, later ook artsen, criminologen, radiologen, botanici, textielexperts... – zich aangesproken voelden om het raadsel van de lijkwade onder hun loep te leggen. Zo werd de meest voor de hand liggende vervalsingstheorie met betrekking tot de lijkwade, een vernuftig schilderij uit de late middeleeuwen, door de negatieven van Pia meteen onderuit gehaald. Hoe had een middeleeuwse schilder, hoe vernuftig ook, voor de ontdekking van de fotografie in de 19de eeuw een zo perfect negatief kunnen schilderen?

De echte grondlegger van de sindonologie, de wetenschappelijke studie van de lijkwade, was natuurlijk niet Secondo Pia maar een Franse bioloog en schilder, Paul Vignon (1865-1943). Afkomstig uit een welgestelde familie in Lyon was Vignon een studievriend van Achille Ratti, de latere paus Pius XI. Toen Pia in 1898 zijn beroemde foto's maakte, was Vignon assistent van professor Yves Delage, hoogleraar aan de Parijse Sorbonne en directeur van het Natuurhistorisch Museum aldaar. Door Delage in kennis gesteld van de foto's van Secondo Pia, lieten die negatieven hem geen dag meer los. Het werd zijn eerste sindonologisch project om de fotografische afdruk op de lijkwade te kunnen verklaren.

Vignon was de eerste wetenschapper die, al in 1902, opmerkte dat het portret door een natuurlijk proces op de lijkwade terechtkwam. Zo vermoedde hij dat de afdruk ontstaan was door direct contact met een lichaam en als gevolg van een chemische reactie tussen lichaamseigen uitwasemingen (bloed, zweet, ammoniakdampen) en de geurige kruiden op de lijkwade (mirre en aloë). Een chemische reactie die een oxidatieproces veroorzaakte in de cellulose van de vlasdraden. Alleen veronderstellen vaporisatie en oxidatie een lichaamswarmte die bij een overledene snel afneemt. Voor Gruber en Kersten kon dat vaporisatiemodel erop wijzen, een conclusie die Vignon zelf nooit trok, dat de Gekruisigde nog leefde toen hij van zijn kruis werd afgenomen en in een lijkwade gewikkeld werd.

Eveneens in 1902 ontwikkelde de Franse historicus en journalist Arthur Loth (1842-1927) als eerste de stelling dat de afdruk op de lijkwade door 'een zeer kortstondige bliksemflits' veroorzaakt werd. Volgens Loth was het portret op de lijkwade gewoon een imprint van de bij de verrijzenis vrijgekomen energie. Deze opvatting werd door de wetenschap verworpen. Toch zouden onder meer Geoffrey Ashe (1966), Ray Rogers (1977) en Ian Wilson (1978) deze theorie nog vele jaren later hernemen. Alvast kwam Loth zozeer onder de indruk van de lijkwade dat hij de rest van zijn leven, 25 jaar lang, zou wijden aan een uitvoerige studie over *Jezus Christus in de geschiedenis*.

Tijdens de eerste decennia van het wetenschappelijk onderzoek van de lijkwade bleef het onderzoek binnen de contouren geschetst door Vignon en Loth. Hamvraag was hoe het portret op de lijkwade tot stand was gekomen. Pas later verschoof de aandacht naar de lijkwade zelf, het gebruikte vlaslinnen, het weefpatroon, de vezelstructuur en de aard van de verkleurde vezels. Een belangrijke stap volgde in 1931, alweer naar aanleiding van een tentoonstelling van de lijkwade. Deze keer ging het om een tentoonstelling ter gelegenheid van het huwelijk van kroonprins Umberto van Savoie, de latere Umberto II, met de Belgische prinses Marie-José. Weer gaf de Italiaanse koning, in 1931 Victor-Emmanuel III van Savoie, zijn fiat voor het nemen van foto's. Omdat de foto's van Secondo Pia toch wat verouderd waren, bij de toenmalige staat van de fotografie. De foto's van 1931 waren het werk van een Turijnse beroepsfotograaf, Giuseppe Enrie, die kon gebruikmaken van nieuwe fotografische technieken en die de lijkwade ook mocht fotograferen zonder dat die achter glas zat. Hetgeen Secundo Pia nog niet was toegestaan.

Maar het belangrijkste gevolg van het feestjaar 1931 was dat naderhand de Internationale Commissie van wetenschappelijk onderzoek van de Heilige Lijkwade werd opgericht, sindsdien bekend als de *sindonologie*. Secretaris-generaal van de Commissie was de 66-jarige Paul Vignon, die het roer van de sindonologen nog twaalf jaar in handen kreeg. Sindsdien volgden tal van nationale en internationale congressen van sindonologen. Want in diverse landen kwamen er verenigingen of genootschappen van sindonologen, altijd multidisciplinair samengesteld door, veelal gelovige, wetenschappers van alle mogelijke disciplines. Bekend zijn de British Society for the Turin Shroud (BSTS), de Amerikaanse Association of Scientists and Scholars International for the Shroud of Turin (ASSIST), de American Shroud of Turin Association for Research (AMSTAR), het Franse Centre international d'études sur le linceul de Turin (CIELT), het Italiaanse Centro Internazionale di Sindonologia (CIS) en het Spaanse Centro Español de Sindonología (CES).

Een belangrijk sindonologisch jaar was 1969. Toen de lijkwade voor het eerst, in het grootste geheim en onder de hoede van kerkelijke hoogwaardigheidsbekleders, twee dagen ter beschikking gesteld werd van elf uitgekozen waarnemers, onder wie zes wetenschappers. De veelal Turijnse of Milanese waarnemers werden zorgvuldig gescreend door kardinaal Pellegrino, de toenmalige aartsbisschop van Turijn, en professor Luigi Gedda, uitgekozen door ex-koning Umberto II. Wat de wetenschappers betreft ging het volgens Gruber en Kersten om een radioloog, twee specialisten in de gerechtelijke geneeskunde, twee professoren en de conservator van het Egyptisch museum in Turijn. Bij die gelegenheid werden stof- en bloedmonsters genomen, te onderzoeken in een lab. De eerste onderzoeken zouden bevestigen dat 'het doek echt was, uit Palestina kwam en uit de tijd van Jezus van Nazareth dateerde'.

Eveneens in 1969 werden van de lijkwade de eerste kleurenfoto's gemaakt. Respectievelijk in 1898 en 1931 fotografeerden Pia en Enrie nog in zwart-wit. Volgens Wilson bevestigden de kleurenfoto's van Giovanni Battista Judica-Cordiglia dat het om een perfect negatief gaat, van een extreem exacte fotografische kwaliteit.

Op 23 november 1973 werd voor het eerst toelating gegeven om, vanuit de Hal van de Zwitsers in het voormalig hertogelijk paleis in Turijn, de volledige lijkwade te tonen op tv. Het ging om een productie van de Italiaanse RAI, met een gefilmde inleiding van paus Paulus VI, gretig overgenomen door diverse tv-stations. Aangenomen wordt dat 200 miljoen kijkers de lijkwade nu met eigen ogen konden zien.

Een dag later, op 24 november 1973, liet de verbannen koning Umberto II, nog altijd eigenaar van de lijkwade, 11 wetenschappers toe om in het grootste geheim 17 minuscule monsters van de lijkwade – veelal ging het om bebloede draadjes van 1 cm of minieme stukjes van de lijkwade, hooguit één op vier centimeter – te nemen voor analyse. Ook werd voor het eerst nagegaan of het mogelijk was om de C14-test, een kwestie van carbon- of koolstofdatering, toe te passen om een precieze datering van de lijkwade te verkrijgen.

Deze keer werden ook twee buitenlandse wetenschappers bij het onderzoek betrokken, de Gentse professor Gilbert Raes (1914-1995) en de Zürichse criminoloog en botanicus Max Frei (1913-1983). Raes was een gekende textielexpert aan het instituut voor textieltechnologie in Gent, met katoen als zijn specialisatie. De Gentenaar kreeg twee stukjes van een paar centimeter (40x13, 40x10 mm) van de lijkwade mee, alsook een 12 mm lange inslagdraad en een 13 mm lange kettingdraad. Na een onderzoek met een elektronenmicroscoop concludeerde Raes dat er kleine hoeveelheden katoen in de monsters zaten. Katoenvezels die erop konden wijzen dat op hetzelfde weefgetouw waarop het linnen geweven werd, ook katoenen weefsels geproduceerd werden. Opvallend was dat Raes op de lijkwade vezels vond van een katoensoort – *gossypium herbaceum* – die tweeduizend jaar geleden uitsluitend in het Midden-Oosten verbouwd werd, niet in Europa of Amerika.

De bevindingen van Max Frei, eveneens betrokken bij het onderzoek van 1973, sloten daarbij aan. In tegenstelling tot Raes kreeg Frei geen monsters van de lijkwade mee. Wel mocht hij met plakband stofmonsters nemen van de rand van het lijnwaad. Zo ontdekte Frei op de lijkwade stuifmeelkorrels en pollen die zijns inziens uit de omgeving van Israël of Turkije kwamen en die naar de eerste eeuw konden verwijzen. Onder de elektronenmicroscoop kon Frei op de lijkwade uiteindelijk 57 verschillende stuifmeelkorrels en pollen identificeren – als microfossielen zijn stuifmeelkorrels zo goed als onvernietigbaar – waarmee hij kon bewijzen dat de lijkwade effectief uit het Heilig Land kwam. Bovendien kon de botanicus via zijn pollenonderzoek de lijkwade volgen van Jeruzalem over Aleppo, Edessa, Samosata, Constantinopel, Akko, Cyprus, Parijs, Lirey (Champagne) en Chambéry (Alpen) naar Turijn.

De pollenanalyse van Frei kon nooit weerlegd worden. Integendeel concludeerden ook twee Israëlische onderzoekers van de Hebreeuwse universiteit van Jeruzalem, Avinoam Danin en Uri Baruch, in 1999 'dat er op de lijkwade graspollen te vinden zijn van grassoorten die alleen in de omgeving van Jeruzalem voorkomen'. Ook ontdekten Danin en Baruch dat 'de verwondingen op het hoofd veroorzaakt werden door de scherpe doornen van een plant – de *gundelia tournefortii* – die alleen groeit in de maanden maart-april en uitsluitend in de omgeving van Jeruzalem.

14

Met Amerikaans geweld: de STURP

Vaak waren het nieuwe wetenschappelijke inzichten of instrumenten die het wetenschappelijk onderzoek van de lijkwade de voorbije eeuw vooruithielpen. Dat was al in 1898 en 1931 het geval met de ontwikkeling van de fotografie, de opkomst van de forensische geneeskunde en de intocht van de elektromicroscopie. En vooral vanuit Amerika ontstond er in wetenschappelijke kringen, met name actief in de lucht- en ruimtevaart en aan militaire laboratoria, een grote belangstelling om de nieuwste instrumenten ook toe te passen op het lijkwade-onderzoek.

Dat was in 1972 ook het geval voor de VP-8 *Image Analyzer*, een beeldanalysator ontworpen door Pete Schumacher voor de NASA aan de Sandia laboratoria te Albuquerque, New Mexico. Als een analoge computer die foto's of andere afbeeldingen kan bewerken, werd de VP-8 ontworpen om satellietfoto's van de maan of de planeten te analyseren en die in reliëf weer te geven. Zo kon de VP-8 beelden 'een derde dimensie' geven door minieme verschillen in kleuren en schaduwen driedimensioneel te interpreteren. Die mogelijkheden konden John Jackson en Eric Jumper, Amerikaanse natuurkundigen aan de US Air Force Academy in Colorado Springs, niet ontgaan. Al in 1976 konden ze onderzoekers van de NASA ervan overtuigen om ook foto's van de lijkwade – in casu de aloude wit-zwartfoto's van Giuseppe Enrie van 1931 – door de VP-8 te laten bewerken. Zo produceerde de VP-8 effectief een driedimensioneel beeld van de lijkwade, het zoveelste bewijs dat de afdruk op de lijkwade geen oppervlakkig schilderij is maar een portret dat in de vezels van de lijkwade een driedimensioneel beeld vertoont.

Tegelijk lagen Jackson en Jumper in 1976 aan de basis van het Shroud of Turin Research Project, beter bekend als STURP, een onderzoeksproject met betrekking tot de lijkwade van een dertigtal Amerikaanse wetenschappers, van wie velen in militaire dienst of verbonden aan militaire onderzoekscentra. Onder de 25 wetenschappers die het STURP twee jaar later naar Turijn zou sturen, waren er 2 van de US Air Force Academy in El Paso (Colorado), 2 van de US Air Force Weapons Laboratories in Albuquerque (New Mexico) en wel 7 van de National Scientific Laboratories – de oudste nucleaire labs ter wereld – in Los Alamos (New Mexico). Naast enkele wetenschappers van vliegtuigbouwer Lockheed Corporation, de Nuclear Technology Corporation, het Jet Propulsion Laboratory in Pasadena (Californië) en de Sandia Laboratoria in New Mexico.

Het was dat commando dat in oktober 1978 met de zegen van ex-koning Umberto, de kardinaal-aartsbisschop van Turijn en allicht ook het Vaticaan tot de actie overging. De STURP-groep had zijn moment goed gekozen. Van 27 augustus tot 8 oktober 1978 trok de lijkwade in Turijn naar schatting 2 miljoen bezoekers ter gelegenheid van de langste tentoonstelling van de lijkwade ooit, ter gelegenheid van de 400ste verjaardag van de komst van de relikwie naar Turijn. Het was 45 jaar geleden dat de lijkwade nog tentoongesteld werd. Een vorige keer dateerde al van 1933, geen verwijzing naar de nazi's maar naar... het 19de eeuwfeest van de kruisiging. Bovendien viel de lange tentoonstelling van 1978 samen met een driepausenjaar en twee conclaven. Paulus VI stierf op 6 augustus 1978, enkele weken voordat hij de tentoongestelde lijkwade wou bezoeken. De start van de tentoonstelling viel samen met de keuze van de nieuwe paus, Johannes-Paulus I. En de toenmalige kardinaal Wojtyla, de latere Johannes-Paulus II, bezocht de lijkwade op 1 september als pelgrim. Toen Wojtyla op 16 oktober 1978 tot paus werd gekozen, was de tentoonstelling net voorbij.

Op 7 en 8 oktober 1978 volgde in Turijn nog een internationaal sindonologisch symposium. En dan was het de beurt aan de STURP-groep. Pas was de laatste pelgrim uit de kathedraal vertrokken of 25 Amerikaanse wetenschappers, enkele Italiaanse collega's en vertegenwoordigers van hun Italiaanse gastheren namen in de hal van het nabije Palazzo Reale – het paleis van de hertogen van Savoie – het commando over. Daar werd de lijkwade op een draaibare plaat uitgestald, zodat geen detail de wetenschappers kon ontgaan. Alsof het om een elite-eenheid van het Amerikaanse leger ging, hadden de wetenschappers volgens Gruber en Kersten zeven ton materiaal mee, verpakt in 80 containers. Elektronische en chemische apparatuur, fotografisch materiaal, spectroscopie, verlichting, microscopie, röntgenapparatuur, organische scheikunde, infrarode en ultraviolente bestralingen, computers en natuurlijk de stilaan beroemde VP-8 beeldanalysator.

Vijf dagen lang, van 8 tot 13 oktober, kon de STURP-groep de lijkwade dag en nacht bestuderen en fotograferen. De wetenschappers konden het lijnwaad testen vanuit alle mogelijke invalshoeken en alle gegevens verzamelen die ze maar konden vinden. Hun enige beperking was dat ze de lijkwade zelf nauwelijks mochten aanraken en dat ze in geen geval monsters van het linnen mochten wegnemen. In Turijn zelf was de STURP-groep slechts 120 uur, vijf dagen lang, actief. Maar dan moest het echte werk nog beginnen, het analyseren van de verzamelde gegevens, zodat de groep naar verluidt 150.000 mandagen in de lijkwade zou investeren.

Pas op 10-11 oktober 1981 kon de STURP-groep, op een technisch symposium in New London, Connecticut, zijn belangrijkste bevindingen bekendmaken: dat 'op de lijkwade geen spoor van verf of pigment kon teruggevonden worden'. Dat de afdruk op de lijkwade in geen geval het werk is van een kunstenaar. Maar dat 'het doek de sporen draagt van reëel menselijk bloed van een menselijk lichaam dat al de kenmerken vertoonde van het christelijke passieverhaal'. Ook zou de afbeelding 'in een oogwenk' tot stand gekomen zijn als gevolg van een intense hitte, de lichtflits waar nucleaire fysici altijd al van droomden. De manier waarop dat gebeurde, zonder de lijkwade in zijn geheel te vernietigen, bleef echter een mysterie. *The answer to the question of how the image was produced or what produced the image remains, now, as it has in the past, a mystery.* Aldus de officiële samenvatting van de conclusies van de STURP-groep na het meest intense en breedschaligste onderzoek dat ooit op de lijkwade werd uitgevoerd.

De berg had een muis gebaard. Ook voor de STURP-groep leverde de lijkwade niet het ultieme bewijs dat Christus uit de doden verrees, maar evenmin dat het lichaam dat ooit in de lijkwade werd gewikkeld, nog leefde. Die nederlaag heeft de STURP-groep niet verhinderd om in de jaren 1980 de tweede fase van het wetenschappelijk onderzoek naar de lijkwade in te zetten, de C14- of koolstofdatering. Deze keer niet gericht op de afbeelding, maar op het linnen zelf.

De STURP-groep kreeg al in de jaren 1980 veel kritiek te slikken. Zo omschreef de Amerikaanse kernfysicus Harry Gove, actief aan de Rochester University (New York State), de STURP-onderzoekers in 1987 als 'faustische verdedigers van het geloof die dwepen met wetenschappelijke apparaten die Hiroshima op een beet bij het liefdesspel doen lijken'. 'Godsdienstfanaten die worden gedreven door het idee-fixe te kunnen bewijzen dat de relikwie de echte lijkwade van Jezus is waaruit de waarheid van het geloof in de opstanding valt af te leiden'.

David Sox, een Engels-Amerikaanse anglicaanse priester en sindonoloog, had het over 'militair georganiseerde godsdienstfanaten'. Sox, vele jaren secretaris van de British Society for the Turin

Shroud, was aanvankelijk een felle aanhanger van de echtheid van de lijkwade, later een van de verbitterdste tegenstanders ervan. Een criticus van de STURP, aldus Gruber en Kersten, noteerde al in 1978: 'ze zijn hier om Jezus Christus nogmaals uit de doden op te wekken.' Want ook voor Gruber en Kersten waren de STURP-wetenschappers 'voor het merendeel fanatieke gelovigen die de laatste bewijzen moesten leveren die men in het Vaticaan van hen verwachtte'.

Een minder bekende deelnemer bij het STURP-project, omdat hij geen Amerikaan was, was de Turijnse arts en gerechtspatholoog Pierluigi Baima Bollone. Het was Baima Bollone die in 1978 bloedvlekken op de lijkwade positief kon identificeren als behorend tot de zeldzame menselijke bloedgroep AB. Zeldzaam in het Westen, maar vaker voorkomend in het Midden-Oosten. Met fluorescerende antilichamen kon Baima Bollone als eerste onomstotelijk bewijzen dat het om menselijk bloed ging. Met immuno-histochemische technieken kon hij zelfs de bloedgroep bepalen!

De Amerikaanse internist Gilbert Lavoie kwam dan weer tot de conclusie dat de bloedsporen op de lijkwade nauwelijks naar bloed verwezen maar eerder naar 'afscheidingsvocht uit stollende wonden'. Afscheidingsvocht dat weinig echte bloedcellen bevat, wel een verhoogd bilirubinegehalte. Overigens kon ook de Franse geneticus Jérôme Lejeune op een bloedmonster van de lijkwade menselijke hemoglobine aantreffen. Marcello Canale, hoogleraar aan het Genuese Instituut voor Gerechtelijke Geneeskunde, vond en isoleerde op 'fijne draden' zelfs sporen van DNA. Volgens Wilson zouden ook die DNA-sporen bevestigen dat het om menselijk bloed ging.

Een bizar gevolg van de VP-8 beeldanalysator, uitvoerig gebruikt door de STURP-groep, was de ontdekking van cirkels op de oogleden van de Gekruisigde, niet met het blote oog te zien, die zouden verwijzen naar een Romeins gebruik om de oogkassen van een overledene met een muntstuk af te sluiten. Later werden via de

VP-8-technologie op de lijkwade ook Griekse en zelfs Aramese lettertekens aangetroffen, al blijven de sindonologen sceptisch over de authenticiteit van deze lettertekens.

Koploper en promotor van die muntontdekking was een Amerikaanse jezuïet, Francis Filas (1916-1985). Die ontmaskerde het muntstuk als een bronzen Romeinse *lepton*, geslagen in het 16de regeringsjaar van de Romeinse keizer Tiberius, het christelijke jaar 29 onder Pontius Pilatus. De Italiaanse numismaticus Mario Moroni kon op genoemde munt vier letters identificeren, UCAI. Volgens Filas vormen die letters een aaneengesloten onderdeel van TIBEPIOU CAICAPOC, Griekse letters – al moest het eigenlijk KAICAPOC zijn – voor 'keizer Tiberius'.

Volgens de Italiaanse historicus Antonio Lombatti was het geen Joods gebruik, *Anno Domini*, om muntstukken op de ogen van een dode te leggen. Dat is ook de mening van prof L.Y. Rahmani, directeur van de Jeruzalemse Musea en expert in Bijbelse archeologie. Het was een oud-Grieks en heidens gebruik om een muntstuk in de mond van een dode te steken, waarmee de dode Charon kon betalen, de mythische veerman die de afgestorvene over de Styx kon zetten. In andere culturen kon het voorkomen dat muntstukken over de ogen gelegd werden om een uiterst pragmatische reden: de ogen van de dode te sluiten en te voorkomen dat die weer opengingen. Een verdediger van Filas was de Amerikaanse gerechtscriminoloog Allan Whanger, die 74 punten van overeenkomst vond tussen de muntafdruk op de foto en de bekende Pilatusmunt ter ere van Tiberius. Voor het gerecht volstaan 17 punten van overeenkomst tussen duim- of vingerafdrukken om ze identiek te verklaren. Volgens Whanger was het eeuwenlang een universeel gebruik, ook onder Joden, om muntstukken op de ogen te leggen.

15

Het C14-verdict, de koolstofdatering

Het meest besproken en meest omstreden onderzoek dat ooit op de lijkwade werd uitgevoerd, was natuurlijk de C14-koolstofdatering van 1988. Van bij het begin van het STURP-project was het de hoop en de bedoeling van vooral Amerikaanse wetenschappers om op basis van een koolstofdatering minstens de ouderdom van het lijnwaad te kunnen bepalen. Kon het effectief gaan om een tweeduizend jaar oude lijkwade, waarin ooit het lichaam van een gekruisigde werd geborgen? Of was het een vernuftig kunstwerk van veel jongere datum? In dat geval kon een C14-analyse van de stof uitsluitsel geven.

Aan de basis van een C14-datering liggen drie koolstof- of carbonisotopen, aanwezig in alle levende wezens en organische stoffen. Isotopen zijn atomen van dezelfde chemische stof, in dit geval koolstof (C), en met hetzelfde aantal protonen (in dit geval 6, het atoomnummer). Het atoomnummer is voor alle isotopen hetzelfde, niet het massagetal (vandaar C12, C13 en C14). C12 (6 protonen, 6 neutronen) en C13 (6 protonen, 7 neutronen) zijn stabiele, dit wil zeggen niet-radioactieve isotopen. C14 evenwel, pas ontdekt in 1940 (6 protonen, 8 neutronen), is een instabiele want licht radioactieve koolstofisotoop. Instabiel omdat de radioactiviteit het gevolg is van kosmische straling die in alle levende planten en dieren stikstof omzet in C14, maar die naderhand weer langzaam verdwijnt vermits vergane planten en dode dieren geen C14 meer opnemen. Juist die instabiliteit maakt van C14 een mogelijk meetinstrument om de ouderdom van organisch materiaal te bepalen. Zo berekenden wetenschappers dat C14 een halveringswaarde heeft van 5726 jaar. Wat wil zeggen dat na 5726 jaar al de helft van alle C14 verdwenen is, na 2x5726 jaar driekwart, en na 57.360 jaar 99,9 procent. Dat tijdsverloop laat wetenschappers toe de ouderdom van organisch materiaal op basis van de nog aanwezige C14-atomen over een tijdsbestek tot circa 60.000 jaar te berekenen. Als ze er in slagen de nog aanwezige C14-atomen te tellen.

De C14-datering werd in 1949 aan de universiteit van Chicago ontwikkeld door Willard Frank Libby (1908-1980), een oudgediende van het Amerikaanse Manhattanproject dat Amerika in 1945 zijn eerste atoombommen opleverde. Voor zijn C14-datering kreeg Libby in 1960 de Nobelprijs scheikunde. Alleen bleef het een hele klus om het C14-gehalte van een organische stof uit een ver verleden precies te berekenen en was daarvoor zoveel materiaal vereist dat het dateringsproces niet altijd mogelijk was. Bovendien moest in het onderzoekslab een behoorlijk stuk van de onderzochte stof vernietigd worden, omdat alleen op die manier de C14-atomen konden geteld worden. Volgens Gruber en Kersten vereiste een C14-datering van de lijkwade onder die omstandigheden een te vernietigen lap van 870 cm^2. Dat was in het geval van de lijkwade ondenkbaar.

Het was de Canadees-Amerikaanse kernfysicus Harry Gove (1922-2009), in die dagen professor aan de Rochester Universiteit in New York State, die daarvoor in 1977 een uitweg vond. Met enkele collega's ontwikkelde Gove in zijn radiokoolstoflab in Rochester een nieuwe versneller-massa-spectrometrie-techniek (VMS). Een ingewikkelde techniek om met veel minder organisch materiaal een veel beter C14-resultaat te bereiken. Sindsdien is voor een koolstofdatering hooguit nog een monster nodig dat zo'n duizendmaal kleiner is dan wat men daarvóór nodig had. Voor de lijkwade zou dat betekenen dat bij een C14-datering geen 870 cm2 moest opgeofferd worden, maar hooguit enkele stukjes niet groter dan een postzegel. In feite kon één stukje volstaan, tenzij ook andere labs bij het onderzoek werden betrokken, en dan moest elk lab toch iets in handen krijgen. Het is deze VMS-techniek die in 1988 gebruikt werd om de lijkwade te dateren. Maar dit ging niet zonder horten en stoten.

Met de steun van de oude Libby vatte Gove al in 1977 het plan op om de lijkwade met zijn VMS-C14-techniek te dateren. Steun voor zijn plannen vond Gove snel aan het radiokoolstoflab in Oxford, waar eveneens met de VMS-methode werd gewerkt. In 1978 was Gove aanwezig op het internationaal sindonologisch congres in Turijn. Maar van zijn STURP-collega's die in oktober 1978 vijf dagen lang de lijkwade zouden onderzoeken – in zijn ogen godsdienstfanaten die per se wilden *bewijzen* dat Christus verrezen was – was hij niet onder de indruk. Zijn kennismaking met de STURP-groep, allemaal Amerikaanse collega's, liep integendeel uit op een kloof die hij nooit kon overbruggen.

Pogingen van Gove om kardinaal Ballestrero, de toenmalige aartsbisschop van Turijn en de directe behoeder van de lijkwade, van het belang van een C14-datering te overtuigen, kenden jarenlang geen succes. Dat ondervond overigens ook de STURP-groep die Ballestrero in oktober 1984 benaderde met een protocol voor een C14 datering van de lijkwade. Volgens Gruber en Kersten hield Ballestrero zowel Gove als de STURP-groep jarenlang op afstand, terwijl ook het Vaticaan de kat uit de boom keek.

Ondertussen had Gove zes radiokoolstoflaboratoria bereid gevonden aan een mogelijke C14-datering van de lijkwade mee te werken: Rochester (New York), Tucson (Arizona) en Brookhaven (New York) in Amerika, Zürich in Zwitserland, Oxford en Harwell in Engeland. Op het 12de Internationaal Congres over C14-datering in 1985 sloten de zes een overeenkomst af om het British Museum met de coördinatie van het onderzoek te gelasten. Heel even leek Gove zijn slag thuis te halen. Met de Pauselijke Academie van Wetenschappen als bemiddelaar zou het Vaticaan de voorstellen van de STURP-groep afwijzen en voor het protocol van Trondheim kiezen. In november 1985 zette ook Turijn het licht op groen voor een C14-onderzoek.

Eind september 1986 ontving kardinaal Ballestrero in Turijn vertegenwoordigers van de zes laboratoria. Maar tot Goves grote verbazing zaten daar ook vertegenwoordigers van de STURP-groep. Vertegenwoordigers die ter plaatse een zevende koolstoflab, in het Franse Gif-sur-Yvette, voorstelden om eveneens bij het onderzoek betrokken te worden. Met die zeven stelde Ballestrero een protocol op – 800 bladzijden – en benoemde hij drie controlerende instanties: de Pauselijke Academie van Wetenschappen (Rome), het Metrologisch Instituut G. Colonetti (Turijn) en het British Museum (Londen).

Geen jaar later bleef er van dat protocol geen spaan meer over. Zo liet het Vaticaan weten dat uitsluitend het British Museum, in de persoon van dr. Michael Tite, directeur van het onderzoekslab van het museum, de job zou superviseren. Bovendien werden slechts drie labs weerhouden, de koolstoflabs van de universiteit van Oxford, de universiteit van Arizona in Tucson en het Zwitserse Federal Institute of Technology in Zürich. Volgens Wilson was de keuze van de betrokken labs het werk van professor Luigi Gonella, wetenschappelijk adviseur van kardinaal Ballestrero, luidens Gove 'een man waarvan niemand, in wetenschappelijke kring, ooit gehoord had'. Gove zelf werd helemaal opzij geschoven, al werkten de drie uitgekozen labs met *zijn* VMS-apparatuur. Volgens Gruber en Kersten had het Vaticaan het commando overgenomen en had Gonella goede contacten met de STURP-groep. Dat zou ook gelden voor de Turijnse microanalist Giovanni Riggi, de man die naar verluidt met een gewone schaar een miniem stukje van de lijkwade zou knippen.

Op 21 april 1988 was het zo ver. In aanwezigheid van wetenschappers van de drie weerhouden onderzoeksinstituten, kardinaal Ballestrero en Michael Tite, knipte Riggi een strookje van 7 op 1 centimeter, 497 milligram, van de rand van de lijkwade. Om er met dezelfde schaar drie ministukjes van te maken. Daarna trokken de kardinaal en Tite zich terug in de nabije sacristie, om er de monsters buiten elke controle in metalen kokertjes te stoppen. Dat deden ze ook met twee of drie controlemonsters, één uit een Nubisch graf uit de 11de eeuw, een tweede van een Egyptische mummie uit de 2de eeuw, een derde uit een koorhemd van Saint-Louis d'Anjou. Deze laatste was een vrome franciscaanse bisschop uit de 13de eeuw, niet te verwarren met de gelijknamige Franse koning Lodewijk IX, beter bekend als Saint-Louis de France. Elk lab kreeg dus drie kokertjes, één met een monster van de lijkwade, twee met controlemonsters. Volgens Vaticaanse instructies moesten de drie labs uitsluitend verslag uitbrengen in Rome.

Al op 13 oktober 1988 werden de onderzoeksresultaten officieel door het Vaticaan bekend gemaakt. Op 14 oktober volgde een persconferentie ten huize van Michael Tite, in het British Museum in Londen. Unaniem concludeerden de drie labs dat de lijkwademonsters wezen op een datering tussen 1260 en 1390. Die datering kwam zo dicht bij de eerste verschijning van de lijkwade in het Westen, in 1357 in het Franse Lirey, dat de C14-datering leek te bevestigen 'wat moest bevestigd worden'. Een middeleeuwse vervalsing.

Kardinaal Anastasio Ballestrero was net op 3 oktober 1988 75 geworden. Hij zou spoedig als aartsbisschop van Turijn aftreden, om plaats te maken voor zijn opvolger Giovanni Saldarini. Opvallend genoeg zou ook Carlos Chagas, directeur van de Pauselijke Academie van Wetenschappen, twee weken later van zijn functie ontheven worden. Want voor het Vaticaan was het *Roma locuta, causa finita*. 'Aangezien de C14-methode voor 95 procent zekerheid verschafte, zag de kerk geen reden om die te betwisten,' vond de oude

Ballestrero. Maar de kerk zou niettemin 'deze icoon van Christus' blijven vereren.

Stellen dat de C14-methode voor 95 procent zekerheid verschaft (Ballestrero) was op zijn minst een Vaticaanse overdrijving, een percentage dat het Vaticaan voor geen andere wetenschappelijke discipline durft hanteren. C14 is geen DNA! Zo stelden drie wetenschappers van het British Research Labo volgens Gruber en Kersten in een studie vast dat alle radiokoolstofdateringen die het British Museum van 1980 tot 1984 publiceerde, onjuist waren, en verschillen vertoonden tot duizend jaar en meer. Wilson verwijst dan weer naar Egyptische mummies waarvan historici aannemen dat ze duizend jaar ouder waren dan hun windsels die op basis van de C14-methode gedateerd werden.

Snel wezen ook sindonologen de C14-uitkomst af. Zo beweerde Bruno Bonnet-Eymard, een Franse sindonoloog van de 'katholieke contrareformatie', dat er met de analyses was geknoeid. De Duitse jezuïet Werner Bulst, wellicht de meest vooraanstaande Duitse sindonoloog ooit, had het ronduit over bedrog – *Betrug* – en manipulatie. In 1990 schreef Bulst er zelfs een boek over, onder de niet mis te verstane titel *Betrug am Turiner Grabtuch – Der manipulierte Carbontest*. Vrij vertaald: Het Turijnse bedrog – De gemanipuleerde koolstoftest.

Zelfs de Gentse textielspecialist Gilbert Raes, de eerste wetenschapper die ooit een miniem stukje van de lijkwade in zijn lab mocht onderzoeken, was al in 1989 van mening dat het C14-onderzoek 'gemanipuleerd' werd. Omdat de gebruikte monsters – het aantal draden per centimeter in de schering- en inslagrichting – niet overeenstemden met het monster dat hij zelf in 1973 onderzocht. 'De koolstofdatering bood het Vaticaan een uitgelezen kans om door een wetenschappelijk erkende methode de lijkwade voor altijd tot zwijgen te brengen' vonden Gruber en Kersten. 'Niet de lijkwade werd vervalst, maar de koolstofdatering van 1988.'

16

Een vervalsing uit de 14de eeuw?

C14-fanaten hebben het uitsluitend over het linnen doek, de lijkwade als zodanig, niet over de afdruk van de Gekruisigde. Als het linnen zelf uit de 14de eeuw dateert, de jaren 1260-1390, wijst die datering op een middeleeuwse kunstenaar die in een uiterst bewogen tijd, met zeer beperkte middelen en in het grootste geheim het meest raadselachtige kunstwerk ooit zou geschapen hebben. Daarover spreekt de C14-datering zich niet uit. Maar een omstreden datering lost niets op als andere wetenschappers niet kunnen verklaren hoe de afdruk van een gekruisigde dan wel op een middeleeuwse lijkwade kon belanden. Want in de 14de eeuw was het al duizend jaar geleden dat in Europa nog iemand gekruisigd werd, sinds keizer Constantijn in de 4de eeuw deze typisch Romeinse en extreem mensonterende terechtstelling verbood. Uiteraard was het menselijk vernuft altijd al creatief genoeg om snel even wrede varianten voor een terechtstelling te bedenken. Maar in de 14de eeuw in Europa een gekruisigde vinden die in alle details aan de terechtstelling van de Nazarener beantwoordde, was een onmogelijke opgave.

Weliswaar lanceerden de Britse auteurs Christopher Knight en Robert Lomas in 1997 het idee dat nog in de vroege 14de eeuw in

Parijs iemand gekruisigd werd, niemand minder dan de laatste grootmeester van de tempeliers, Jacques de Molay. Waarbij De Molay z'n besloten kruisiging in de kelders van zijn overweldigers zou overleefd hebben, het was maar als een martelsessie bedoeld, om naderhand op een brandstapel te eindigen. En ook het comateuze lichaam van de grootmeester zou 30 uur lang, alweer een bizarre analogie met de graflegging van de Nazarener, in een lijkwade gelegen hebben. Tot de man 'voldoende hersteld' was om hem naar een brandstapel te slepen. Na de uiteindelijke terechtstelling van De Molay, op 19 maart 1314, kwam de lijkwade van de grootmeester – in deze voorstelling van zaken de latere lijkwade van Turijn – volgens Knight en Lomas in handen van Jean de Charney. Jean was dan weer een broer van medetempelier Geoffroy de Charney, die in 1314 eveneens op een brandstapel stierf, en een oom van de gelijknamige Geoffroy de Charney. Beter bekend als Geoffroy de Charny, de Franse graaf wiens weduwe in 1357 als eerste de lijkwade tentoonstelde.

Alleen verraadt de stelling van Knight en Lomas een nog veel levendiger fantasie dan de voorstanders van een vernuftig kunstwerk. Dat geldt overigens ook voor een variant op de versie van Knight en Lomas, gepresenteerd door een Engelse huisarts – Michael Straiton. Volgens Wilson suggereerde die dat de lijkwade eenvoudigweg van... een ongelukkige kruisvaarder afkomstig was, een kruisvaarder die in de jaren 1270-1290 door Turken of Saracenen werd gekruisigd 'om Jezus' kruisiging belachelijk te maken'. De wraak van de Seltsjoeken op de vijand die ze voorgoed uit het Midden-Oosten hoopten te verdrijven. Straiton noemde de man in de lijkwade 'de onbekende soldaat van de kruistochten, het slachtoffer van een imitatiekruisiging'.

Wat al deze interpretaties tart, is dat de afdruk op de lijkwade details vertoont die geen middeleeuwer kon kennen en die niet met de toenmalige voorstelling van een kruisiging overeenstemden. Details die onder meer willen dat de passienagels niet door de handpalmen maar door de polsgewrichten geslagen werden, of die verklaren waarom de lijkwade wel de afdrukken van twee keer vier vingers laat zien, maar geen duimen. Ook wijzen de vele hoofdwonden op de afdruk niet op een simpele doornenkroon, zoals de volksdevotie zich dat voorstelt, maar op 'een bos doornen, samengebonden met twijgen'. Eerder een doornen muts, krans of helm van lange dunne doornen die de Gekruisigde met een rieten stok of speer op het hoofd werd geslagen en die hevige bloedingen veroorzaakte. Die details waren geen middeleeuwer bekend. Op geen afbeelding of icoon, ouder dan de 14de eeuw, werden deze details ooit teruggevonden. Dat had geen 14de-eeuwse kunstenaar zelf kunnen bedenken.

Zo was de Parijse arts en chirurg Pierre Barbet (1884-1961) in de jaren 1930 de eerste arts die bewees dat Romeinse passienagels – 8 mm vierkant, 17,5 cm lang – bij een kruisiging door het polsgewricht en niet door de handpalm geslagen werden. Omdat een doorboorde handpalm, zoals Barbet proefonderlijk met een lijk en een geamputeerde arm zou bewijzen, onder het gewicht van het lichaam onmiddellijk zou openscheuren. Een doorboord polsgewricht kan dat gewicht wel dragen. Een nagel door het polsgewricht had dan weer voor gevolg, wist Gilbert Lavoie in het spoor van Barbet te achterhalen, dat die nagel door contractie van de duimspier de duim vóór de handpalm naar binnen plooit. Wat verklaart waarom de handen op de lijkwade slechts vier vingers lijken te hebben, en geen duimen.

Los van deze onverklaarbare details blijft het natuurlijk de hamvraag of een 14de-eeuwse kunstenaar soortgelijke afdruk kon schilderen. Kunnen wel, dat bewezen talrijke kopiisten die door de eeuwen heen kopieën van de lijkwade of van het mandylion schilderden. Zo circuleerden al in het eerste millennium, in het christelijke Oosten, geschilderde kopieën van het gezicht op de lijkwade of het mandylion. Ook het gestandaardiseerde Christusgezicht op de Byzantijnse iconen nam essentiële kenmerken van het gezicht op de lijkwade over. Het lange haar, de tweedelige of gevorkte baard, het Kaukasische gezicht, de grote ogen, de vorm van de neus, het onbehaarde stuk tussen onderlip en baard. Kenmerken die ook blijken uit gravures, medailles of medaillons, geborduurd liturgisch materiaal, fresco's of mozaïeken, paneelschilderingen, versierde manuscripten en beeldhouwwerk.

Een geschilderde kopie van de lijkwade van Lirey-Chambéry was de Saint-Suaire in de Saint-Etiennekathedraal van Besançon, het eerst vermeld in 1523. Volgens Van Haelst was de lijkwade van Besançon 'minder lang' en 'minder breed' en vertoonde ze alleen de voorzijde, niet de achterzijde, van de lijkwade van Lirey-Chambéry. Ook droeg de Christus op de lijkwade van Besançon een kuise lendendoek, die van Lirey-Chambéry niet. Helaas is de lijkwade van Besançon in 1794 in het vuur van de Franse Revolutie verdwenen. Aangenomen wordt dat de kopie van Besançon effectief in het vuur werd geworpen.

Nog in 17de eeuw werden levensgrote kopieën van de lijkwade geschilderd voor Torres de Alameda (Spanje), voor een kerk in Logrono (eveneens in Spanje) en voor groothertogin Maria Magdalena van Oostenrijk. Overigens is ook de Lierse lijkwade, een verkleinde tweedelige kopie van de echte lijkwade uit de vroege 16de eeuw, effectief een schilderij. Volgens Van Haelst was de kopie van Lier, in 1516 in Chambéry gemaakt, het werk van een Duitse schilder. Werkend in opdracht van de Roomse keizer Maximiliaan ter attentie van zijn dochter Margareta van Oostenrijk, een tante van keizer Karel v en diens landvoogdes in de Nederlanden. Een tweede kopie uit hetzelfde jaar was volgens Van Haelst een geschenk van de keizer aan zijn nicht, overste van een franciscanessenklooster in het Portugese Xenobregas. De kopie van Xenobregas is thans te bezichtigen in het Nationaal Museum voor Oude Kunst in Lissabon.

Aangenomen wordt dat er van de lijkwade van Lirey-Chambéry-Turijn wel twintig geschilderde kopieën gemaakt werden. Alleen gaat het in al deze gevallen om duidelijke schilderijen, afbeeldingen die materieel niets gemeen hebben met de zwakke afdruk op de lijkwade. Want vrijwel geen onderzoeker van de lijkwade van Turijn kon op het linnen ooit verfsporen of sporen van penseel- of borstelstreken terugvinden. In het beste geval is op de lijkwade een monochrome afbeelding te zien, maar ook die wijst niet op de hand van een schilder. Omdat ook een monochroom schilderij sporen nalaat die nooit op de lijkwade aangetroffen werden.

En het blijft een raadsel hoe een kunstenaar uit de 14de eeuw op de lijkwade een perfect negatief portret kon schilderen, een afbeelding met omgekeerde zwart-witwaarden dan een positief portret. Geen wonder dat latere negationisten van de echtheid van de lijkwade hun toevlucht in de fotografie zochten. Maar van de principes en praktijken van de fotografie was in de 14de eeuw nauwelijks iets bekend. Daarvoor was het minstens wachten op de Italiaanse artistieke duizendpoot Leonardo Da Vinci (1452-1519), maar dan zitten we al in de late 15de en vroege 16de eeuw.

Een nog groter probleem van de C14-datering, wat de lijkwade betreft, is dat de jaren 1260-1390 bijna helemaal samenvallen met de waanzinnigste eeuw van het voorbije millennium. Het waren de jaren van de pauselijke ballingschap in Avignon (1305-1378), gevolgd door het grootste schisma van de westerse kerk ooit (1378-1415), een tijd met twee en zelfs drie pausen. Voor Frankrijk begon de 14de eeuw met de monsterlijke en fatale vernietiging van de tempeliers, naar alle waarschijnlijkheid sinds 1204 de behoeders van de lijkwade die ze in Constantinopel ontvreemdden. Later waren het de eerste decennia van Frankrijks Honderdjarige Oorlog met Engeland (1337-1453), een oorlog die de bevolking van het toenmalige Frankrijk zou halveren – volgens Jacques Attali van 20 naar 10 miljoen. Want het waren tegelijk de jaren dat de Zwarte Pest, sinds de 7de eeuw uit Europa verdwenen, in 1347 met ongekende kracht naar Europa terugkeerde, om er meer dan vier eeuwen actief te blijven. Aangenomen wordt dat de Zwarte Pest alleen al in de jaren 1347-1351 in Europa 30 miljoen doden achterliet, minstens een derde van de toenmalige Europese bevolking, en dus de helft van Frankrijk.

Het is nauwelijks denkbaar dat in *die* 14de eeuw een Frans genie de latere lijkwade van Turijn kon produceren. Tenzij de lijkwade al bestond en hooguit een vast anker zocht. Aanvankelijk was dat Lirey, later tal van andere plaatsen, voordat de lijkwade bij de hertogen van Savoie in Chambéry en Turijn een blijvende rustplaats vond. De man die de lijkwade omstreeks het jaar 1350 onder zijn hoede had, Geoffroy de Charny, was zeker geen Da Vinci, maar een kruisvaarder en een Franse patriot. Overigens sneuvelde De Charny in 1356 in de slag bij Poitiers. Geen jaar later, in 1357, werd de lijkwade door zijn weduwe, Jeanne de Vergy, in het Franse Lirey tentoongesteld. Dat de altijd vechtende De Charny de lijkwade zelf zou gemaakt hebben, is uitgesloten. Daarvoor miste de krijger de talenten en de middelen. Evenmin was er in het toenmalige Frankrijk een creatieve instantie die over de middelen en inzichten beschikte om de lijkwade 'voor hem te produceren' of om de lijkwade in handen van zijn weduwe, Jeanne de Vergy, te stoppen.

Een vervalsing uit de 14de eeuw ligt dus niet voor de hand. Leonardo Da Vinci, anderhalve eeuw later, is een valabel alternatief. Maar ook Da Vinci's coördinaten kloppen hoegenaamd niet met de C14-datering, die de lijkwade dateert in de jaren 1260-1390. En dan klopt er niets meer in de datering die het C14-verdict ons wil opdringen. Van een vervalsing uit de 14de eeuw staan bij nader toezien geen argumenten overeind. Ofwel is de lijkwade ouder, ofwel jonger. Want de 14de eeuw was geen eeuw die in Europa iets nieuws kon bewerken.

17

Een Vaticaanse meevaller

Sinds 1988 kan geen gelovige zich van de indruk ontdoen dat de C14-datering een Vaticaanse meevaller was. Het Vaticaan, en met name de toenmalige aartsbisschop Ballestrero, was er zo snel bij om de C14-datering te aanvaarden en te bekrachtigen, dat meteen de indruk opdook dat dit ook de bedoeling was. Overigens was Ballestrero niet aan zijn proefstuk. Zo verklaarde hij al eerder dat hij nooit in de echtheid van de lijkwade geloofde en dat het overigens geen verschil uitmaakte als zou blijken dat 'het doek een vervalsing uit de middeleeuwen betrof'. Omdat de christologie voor Ballestrero 'een kwestie van geloof is', niet van kunstwerken die door historisch onderzoek kunnen gedateerd worden.

Kardinaal Ballestrero stond in deze scepsis niet alleen. Want ook het Vaticaan, sinds 1983 de eigenaar van de lijkwade, had er belang bij dat de lijkwade een vervalsing was. Op dit punt kon geen betere eeuw gevonden worden dan de waanzinnige 14de eeuw van Barbara Tuchman. Omdat zeker de lijkwade zo dicht bij de historische Christus komt dat een analyse van zijn authentieke lijkwade ook de oudste christelijke dogma's kon bedreigen. Dogma's, vervat in de christelijke geloofsbelijdenis, het credo. 'Die geleden heeft onder Pontius Pilatus, gekruisigd is, gestorven en begraven. De derde dag verrezen uit de doden.' 'Die opgevaren is ten hemel en zit aan de rechterhand van God, zijn Almachtige Vader.' 'Vandaar zal hij komen om te oordelen de levenden en de doden.'

Aanvankelijk was het Vaticaan, voor alle duidelijkheid, geen voorstander van een C14-datering van de lijkwade. Dat was een vraag van vooral Amerikaanse wetenschappers, er altijd op uit om de geloofswaarheden te willen bewijzen, niet om die te ontkrachten. Het Vaticaan stemde pas in met een C14-datering, in de jaren 1980, naarmate duidelijk werd dat Rome zelf de touwtjes in handen kreeg. Van een onafhankelijk C14-onderzoek was daarom geen sprake. Het was het Vaticaan, bij monde van de kardinaal-aartsbisschop van Turijn, die de contouren van het onderzoek bepaalde. Het was Rome dat de koolstoflabs uitkoos die voor medewerking in aanmerking kwamen. Waarbij het Vaticaan er nauwlettend op toekeek dat die labs uitsluitend verslag maakten voor hun Vaticaanse opdrachtgevers.

Vooral Elmar Gruber en Holger Kersten maakten er werk van om de koolstofdatering van 1988 te omschrijven als 'een Vaticaans complot' om de lijkwade van Turijn voorgoed als een vervalsing te kunnen bestempelen. Vooreerst omdat de lijkwade pas in die jaren en voor het eerst onder volledige Vaticaanse controle kwam, sinds de stervende ex-koning Umberto II van Savoie in 1983 de even vereerde als gevreesde relikwie aan het Vaticaan overmaakte. Tegelijk speelde het Vaticaan het zo slim dat niet de kerk maar de wetenschap het ultieme verdict zou vellen. Volgens Gruber en Kersten verzaakte het Vaticaan zelfs aan de voorziene controle van de Pauselijke Academie van Wetenschappen op de koolstofdatering, om 'met zuivere handen' het verdict van de wetenschappers te kunnen aanvaarden. Zodat uitsluitend de wetenschappers voor hun datering verantwoordelijk bleven.

Toch maakten Gruber en Kersten brandhout van die 'wetenschappelijke autonomie'. Omdat het Vaticaan – via kardinaal Ballestrero – achter de schermen wel degelijk de hele regie van de koolstofdatering in handen hield. Handig inspelend op de ingebakken rivaliteit tussen de STURP-groep en de koolstoflabs van Harry Gove, nam het Vaticaan de vitale beslissing om het betrokken aantal koolstoflabs tot drie te beperken en om uitsluitend het British Museum van Michael Tite als controlerende instantie te behouden. Hallucinerend was het gemak waarmee Tite en de kardinaal zich in 1988 in de sacristie van de kathedraal van Turijn terugtrokken om er, door geen andere getuigen gestoord, de lijkwademonsters en de controlemonsters in de kokertjes te stoppen die ze naderhand onder de drie weerhouden labs verdeelden. Volgens Gruber en Kersten konden de lijkwademonsters in de sacristie van de kathedraal perfect vervalst of verwisseld worden. Om te bevestigen wat moest bevestigd worden, dat de lijkwade een vervalsing was uit de 14de eeuw. Door 14 eeuwen gescheiden van wat zich ooit in die grafkelder van Jozef van Arimatea afspeelde. Zodra werd aangenomen dat de lijkwade een vervalsing was uit de 14de eeuw verdween zelfs Arimatea in een zwart gat dat geen historicus nog kon opvullen.

Het complot van Gruber en Kersten was allicht een overdreven voorstelling van zaken. Veel waarschijnlijker was het Vaticaanse onvermogen, in 1988 maar ook voorheen, om interpretaties van de lijkwade te gedogen die de oudste christelijke dogma's bedreigden. Er was geen complot voor nodig om het Vaticaan er in 1988 van te verdenken een seculiere lezing van de lijkwade te vrezen. Van oudsher hield het Vaticaan zich aan een lezing van de evangelies en de Handelingen van de Apostelen die van de verrijzenis de hoeksteen maakte van haar verkondiging. Een lijkwade die dit credo zou tegenspreken, laat staan kon suggereren dat de Gekruisigde zijn kruisiging overleefde, was voor Rome ondenkbaar. In dat geval was het de lijkwade die dwaalde, niet de Romeinse orthodoxie.

Dubieus aan de lijkwade, sinds de zelden geziene relikwie in 1357 het eerst opdook in het Westen, was dat de middeleeuwse kerk zich nooit over de authenticiteit ervan zou uitspreken. Alsof het een relikwie was die pausen en bisschoppen liever niet gezien hadden, draaiden ze er vele jaren omheen. Daarvan getuigt de lange lijdensweg die de lijkwade van Lirey naar Turijn zou volgen, eerder beschermd door seculiere dan door gemijterde machthebbers. Het begon al met de bisschoppen van Troyes, Henri de Poitiers en Pierre d'Arcis, in de tweede helft van de 14de eeuw tijdgenoten van de graven van Charny en heren van Lirey die het eerst de lijkwade tentoonstelden. Beducht voor hun eigen inkomsten waren het twee bisschoppen van Troyes, het bisdom waartoe Lirey behoorde, die 'het portret' op de lijkwade het eerst 'een geschilderde vervalsing' noemden. Ook al omdat er voor dat portret op de lijkwade geen evangelische verwijzingen waren. En in 1390 zette Clemens VII, tegenpaus van Avignon, wel het officiële licht op groen om de lijkwade tentoon te stellen, maar op voorwaarde dat het kapittel de pelgrims zou vertellen dat het slechts om 'een voorstelling of afbeelding' ging van de Heilige Lijkwade van Onze Heer Jezus Christus.

In de jaren 1472-1506 leken twee pausen, Sixtus IV en zijn neef Julius II, de echtheid van de lijkwade te erkennen. Zo is er een pauselijke bul van Sixtus IV – als franciscaan een grote bewonderaar van de lijkwade, aldus Van Haelst – die de echtheid van de lijkwade bevestigde en die de lijkwade erkende als een relikwie. Dat bevestigde Julius II in 1506, toen hij de 4de mei tot feestdag van de Heilige Lijkwade verhief. Waarbij hij in een bul – *Romanus Pontifex* – de lijkwade zelfs aanwees als 'enige lijkwade waar Onze Heer Jezus Christus zelf werd gewikkeld in het graf' en hij de devotie van de lijkwade als een heilige relikwie opnieuw bevestigde.

Vrome pogingen om de verering van de lijkwade met een volle aflaat te belonen, de volledige kwijtschelding van iemands tijdelijke straffen als gevolg van zijn zonden, werden in de 15de en vroege 16de eeuw nog afgeweerd. Tot paus Clemens VII, niet te verwarren met de gelijknamige tegenpaus van 1390, pelgrims in 1533 effectief een volle aflaat verleende, maar hij de lijkwade alweer in veel voorzichtiger bewoordingen omschreef dan zijn voorgangers Sixtus IV en Julius II. Clemens VII preciseerde immers dat hij een volle aflaat verleende 'niet aan diegenen die de lijkwade vereren als ware ze de echte lijkwade van Jezus Christus, maar wel aan diegenen die mediteren over het lijden van Jezus Christus en vooral over zijn dood en begrafenis'.

De nuance van Clemens VII – of het de echte lijkwade is, weten we niet, maar ze doet ons nadenken en mediteren – zou school maken onder de kerkleiders. Echo's van Clemens VII waren nog te horen onder het pontificaat van Johannes-Paulus II. Bijvoorbeeld toen Johannes-Paulus op 24 mei 1998 de lijkwade bezocht. Daar noemde hij de lijkwade 'een spiegel waarin het evangelie en het lijden van Jezus kunnen gezien worden'. 'Waarlijk een enig teken dat wijst op Jezus, het ware Woord van de Vader, Woord dat ons uitnodigt om onze levens te richten op de Ene die zichzelf gaf voor ons.' 'Een beeld van Gods liefde maar ook van onze menselijke zondigheid.' 'Een beeld van machteloosheid, de machteloosheid van de dood, maar ook de onthulling van het mysterie van de incarnatie.' 'Een beeld van stilte, de tragische stilte van de dood, maar ook de bemoedigende en vruchtbare stilte van de triomf in Gods eeuwige tegenwoordigheid.' Veel mist, maar geen woord over de echtheid van de relikwie.

Dat geldt ook voor Benedictus XVI, die nog op 2 mei 2010 de lijkwade bezocht en de relikwie omschreef als 'een icoon met bloed getekend', 'de icoon van Stille Zaterdag, de dag waarop God begraven werd'. Tegelijk noemde Benedictus de lijkwade 'een fotografisch document, met een positief en een negatief'. 'Het meest duistere mysterie van het geloof is tegelijk het meest lichtende teken van onbegrensde hoop', 'niet zozeer de nederlaag van het leven maar de overwinning van het leven op de dood'. Die bewoordingen riepen meteen herinneringen op aan een opgemerkt bezoek van Benedictus XVI, op 1 augustus 2006, aan het kapucijnenklooster van Manoppello, in de Abruzzen, waar in de kerk van de Volto

Santo – sinds 2006 een basiliek – naar verluidt de zweetdoek van Veronica bewaard wordt. Een even omstreden relikwie als de lijkwade van Turijn. Naar eigen zeggen betekende deze pelgrimage voor de paus niet 'dat hij de authenticiteit van de reliek erkent'. 'Wij allen zijn op zoek naar het Aanschijn des Heren; dat is de betekenis van mijn bezoek aan Manoppello.'

De meest voor de hand liggende reden voor deze pauselijke aarzelingen, en dat geldt ook voor de aartsbisschoppen van Turijn, is dat de lijkwade zo dicht bij de historische Christus komt dat wetenschappers wel eens details kunnen ontdekken die niet met de christologische dogma's overeenstemmen. Dat geldt trouwens ook voor de laatjoodse geschriften van Qumran en voor de vroegchristelijke Nag Hammadigeschriften en zeker voor figuren zo dicht bij de historische Christus – te beginnen met Maria Magdalena en Jacobus de Rechtvaardige, mogelijk zijn vrouw en zijn broer – dat kerkleiders die het liefst op afstand houden. De vroegchristelijke Nag Hammadigeschriften werden pas in 1945 ontdekt, de eerste laatjoodse Qumranrollen in 1947. Sindsdien doen kerkleiders er alles aan om Qumran zo vroeg en Nag Hammadi zo laat mogelijk te dateren. In beide gevallen zo ver mogelijk van de historische Christus verwijderd. Terwijl ze Magdalena en Jacobus, de broeder des Heren, het liefst negeren, omdat 'we er zo weinig van afweten'. In die vergeetput zit sinds 1988 ook de lijkwade van Turijn. 'Een vervalsing uit de 14de eeuw.' Alleen mag dat gelovigen er niet van weerhouden om deze vervalsing bij een eerstvolgende tentoonstelling zo massaal mogelijk te vereren. *Qui potest capere, capiat!*

18

Vragen bij de C14-datering

Zelfs als kardinaal Ballestrero en Michael Tite in april 1988 in de sacristie van de kathedraal van Turijn met de lijkwademonsters niet gesjoemeld hebben en Gruber en Kersten zich vergissen of te kwader trouw zijn, blijven er vragen genoeg over die de nauwkeurigheid van de C14-datering in dit geval ondermijnen. Dat geldt zelfs voor de Britse historicus Ian Wilson, die brandhout maakt van de complottheorie van Gruber en Kersten en die de precisie van de C14-datering met hand en tand verdedigt. Maar ook Wilson is niet te spreken van de plaats op de lijkwade, de onderste hoek van de frontale afbeelding het dichtst bij de zijstrook, waar het monster in 1988 werd weggeknipt. Wilson is zelfs van mening dat Gonella en Riggi, de directe medewerkers van Ballestrero, voor hun ingreep 'nauwelijks een minder geschikte plek' op de lijkwade konden uitkiezen. Een van de basisprincipes van de koolstofdatering wil immers dat elk monster dient te bestaan 'uit zuiver oorspronkelijk organisch materiaal', in dit geval de zuivere vlasvezel. Om te voorkomen dat door toevoeging van stoffen van latere datum 'koolstofelementen werden uitgewisseld'.

Met stoffen van latere datum bedoelen sindonologen het *patchwerk* van de zusters clarissen die twee keer, in 1534 en 1694, verkoolde of versleten delen van de lijkwade moesten herstellen. Dat deden de zusters een eerste keer in 1534, na de grote brand van Chambéry in 1532 die de lijkwade onherstelbare brandschade toebracht. De zusters herstelden verbrande of verkoolde delen van de lijkwade door er veertien grote en acht kleine driehoekige stukjes van een linnen altaardoek op te naaien. Een linnen altaardoek van veel jongere datum dan de lijkwade zelf. Dat deden andere clarissen een tweede keer in 1694, alvorens de lijkwade over te brengen naar de nieuwe Guarinikapel in de kathedraal van Turijn. Bij die gelegenheid herstelden de zusters de in 1534 aangenaaide stukken die tekenen van slijtage vertoonden. Bovendien kreeg de lijkwade in 1534 onderaan een zwarte katoenen voering en werd het doek toegedekt met een even grote paarsrode zijden stof. In 1694 werd ook de voering van 1534 hersteld. Zo sluit Wilson niet uit dat de lijkwademonsters van 1988 door die herstelwerkzaamheden getekend waren, waarbij zich een vermenging van stoffen kan voorgedaan hebben die de C14-datering wel degelijk kon vervalsen.

Dat vreest ook de Italiaanse mediëviste Barbara Frale, die eveneens opmerkte dat monsters voor een C14-datering 'representatief' moeten zijn voor de onderzochte stof en dat de monsters van 1988 dat niet waren. Omdat alle stukjes, niet groter dan een postzegel, uit één stuk, niet groter dan 1 tot 7 centimeter, aan dezelfde rand van de lijkwade geknipt werden. Terwijl het precies de brandgevoelige randen waren, ook door mensenhanden het meest beroerd, die door de zusters clarissen het meest bewerkt werden. Een tweede voorwaarde die Frale stelde om tot een betrouwbare C14-datering te komen, is dat de onderzochte stof in de loop van de geschiedenis vrijwel nooit eerder met mensen in contact kwam. Ideaal, volgens Frale, is een C14-datering van een stof gevonden in een nooit eerder geopende sarcofaag of van organisch materiaal dat pas recentelijk ontdekt of teruggevonden werd. Aan die voorwaarde beantwoordt de lijkwade allerminst. Weliswaar werd de lijkwade, zeker als het linnen 2000 jaar oud is, eeuwenlang veilig opgeborgen. Maar zowel in Constantinopel (944-1204) als in het Westen (sinds 1357) werd de relikwie herhaaldelijk tentoongesteld. Ontelbare pelgrims konden het linnen aanraken, kussen, strelen. Minstens twee keer – in 1532 en 1997 – kwam de lijkwade in een felle brand terecht, waarbij het gewoon met water geblust werd. Vaak moest het linnen, in rumoerige tijden, snel meegenomen en in een grot of kelder weggestopt worden. De lijkwade werd minstens twee keer door mensenhanden hersteld. Als het linnen er vies uitzag, aarzelden zusters niet om het gewoon in de kookwas te stoppen of het eens goed af te borstelen. Voor Frale is het zeer de vraag wat een C14-datering in die omstandigheden nog waard is.

En bij overmaat van ramp werd de lijkwade nog in 2002 in het grootste geheim door specialisten gerestaureerd. Bij die gelegenheid werden naar verluidt 29 vlekken verwijderd of chemisch gereinigd. Topverantwoordelijke voor de restauratie van 2002 was professor Giuseppe Ghiberti, gevolmachtigde van de toenmalige kardinaal-aartsbisschop van Turijn, Severino Poletto. Het nieuws van de restauratie heeft naderhand vele sindonologen verbijsterd. Volgens de Amerikaanse sindonoloog Robert Wilcox heeft de restauratie van 2002 een nieuwe C14-test vrijwel onmogelijk gemaakt.

Een bijkomende vraag, alvast voor Wilson, is of het koolstofgehalte van de lijkwade al die eeuwen constant is gebleven. Wilson denkt dan het meest aan de brand van 1532. Vraag is dan of die brand het brandgevoelige C14-materiaal in de lijkwade niet heeft aangetast. Uiteraard geldt dat ook voor de brand van 1997, maar die had geen invloed op het C14-onderzoek van 1988. De felle brand van 1997, in de Guarinikapel van de kathedraal van Turijn, kan wel invloed hebben op latere onderzoeken.

En ondanks zijn groot vertrouwen in de natuurwetenschappers moet ook Wilson toegeven dat de nauwkeurigheid van de C14-datering, zelfs onder optimale omstandigheden, veel te wensen overlaat. Zo verwijst Wilson naar 'de man van Lindow', een goed bewaard lichaam van een slachtoffer van een offerritueel dat in 1984 teruggevonden werd op een turfland in Cheshire. Ook in dit geval werden monsters naar drie verschillende koolstoflabs gestuurd. Harwell dateerde het lichaam, op basis van de C14-datering, rond de 5de eeuw n.C., Oxford kwam uit op de 1ste eeuw n.C., het British Museum situeerde hem in de 3de eeuw v.C. Een verschil van acht eeuwen.

Van de C14-zelfverzekerheid van 1988 blijft intussen weinig over. Die zelfverzekerheid was het grootst in 1989, toen het wetenschappelijk blad *Nature* het formele technische verslag van de koolstofdateringslabs publiceerde. 21 van de betrokken wetenschappers bevestigden in dit verslag 'het doorslaggevende bewijs' dat 'het linnen van de lijkwade van Turijn middeleeuws is'. Wie daar nog aan twijfelde, aldus een betrokken wetenschapper, 'die geloofde nog altijd dat de aarde een platte schijf was en geen bol'.

Onderzoek verricht door Anna Arnoldi van de universiteit van Milaan en Raymond Rogers van de universiteit van Californië, met ultraviolette fotografie en spectraalanalyse, toonde in 1990 effectief aan dat de hoek van waaruit het lijkwademonster van 1988 gehaald werd 'een andere samenstelling heeft dan de rest van de lijkwade'. Ook beweerden Arnoldi en Rogers dat de afbeelding ontstaan is als gevolg van een zogenaamde Maillardreactie. Louis-Camille Maillard (1878-1936) was een Franse wetenschapper die de reacties bestudeerde van aminozuren en koolhydraten bij verhoogde temperaturen. In de lijn van Vignon, de Franse vader van de sindonologie, besloot Maillard dat 'lichaamsgassen van de Nazarener door het lijnwaad zijn getrokken en gereageerd hebben met een laagje aan de buitenzijde van het kleed'.

Die Maillardreactie kan overeenstemmen met het microscopisch onderzoek van kinderarts Leoncio Garza-Valdes, hoogleraar microbiologie aan de universiteit van San Antonio (Texas). Die trof op de in 1988 onderzochte vezels een grote hoeveelheid bacteriën en schimmels aan. Bacteriën en schimmels die volgens Wilson op de vezels van de lijkwade een vrijwel onzichtbare 'deklaag of *coating* van bioplastic' vormen. Zodat de C14-datering niet het linnen zelf maar deze bioplastic deklaag dateerde. Volgens Wilson kan die (vrijwel onzichtbare) 'deklaag van bioplastic' – zoals het plastic omhulsel van een elektriciteitsdraad – de verrassende uitslag van de C14-datering verklaren. Op een rondetafelconferentie in september 1994 in San Antonio (Texas) moest ook professor Gove, die draden van de lijkwade onder de microscoop bestudeerde, erkennen dat deze een deklaag van bioplastic leken te hebben.

Al in 1993, op een internationaal symposium over de lijkwade in Rome, trokken 57 wetenschappers uit alle landen de C14-datering van 1988 in twijfel. Voor hen gold dat de stof 'op onverklaarbare wijze doorstraald is', aldus Anquetil, 'waarbij de samenstelling van de zes isotopen, dus van het C14, ingrijpend gewijzigd is'. Ze suggereerden het Vaticaan een nieuwe analyse toe te laten in 1998, een suggestie die helaas door de brand in 1997 in de Guarinikapel van de kathedraal van Turijn op een zijspoor gezet werd.

Ondanks de brand van 1997 werd de lijkwade van 18 april tot 31 mei 1998 ter gelegenheid van honderd jaar wetenschappelijk onderzoek weer in Turijn tentoongesteld. Nauwelijks twee jaar later, van 29 april tot 11 juni 2000, volgde een nieuwe tentoonstelling, ter gelegenheid van het heilig jaar 2000 en het Grote Jubileum. Sinds de lijkwade in Turijn verblijft, werd ze nooit eerder op zo korte tijd twee keer tentoongesteld. Alsof het Vaticaan de plooien van 1988 weer wou gladstrijken. Zodra was vastgesteld dat de lijkwade een vervalsing was uit de 14de eeuw zat er geen rem meer op de volksdevotie die zich aan die vervalsing niet stoorde.

Een nieuwe C14-datering is er nooit gekomen. De kans dat die er nog komt, is klein. Omdat Rome in 1988 een lijn heeft getrokken die nauwelijks nog kan verlegd worden. Een authentieke relikwie, daterend uit de eerste eeuw n.C. is de lijkwade niet, vindt Rome. Maar het blijft een krachtig beeld dat de geesten van gelovigen op de geloofswaarheden kan richten: de Nazarener is verrezen en dit *feit* kan door geen wetenschapper meer omstreden worden.

Nog op 27 februari 2008 vroeg de Britse professor Christopher Ramsey van de universiteit van Oxford dat de lijkwade opnieuw onder de scanner zou gelegd worden. Om de laatste twijfel weg te nemen. Zijn vraag vond in Rome geen gehoor. Omdat Rome het wetenschappelijk onderzoek van de lijkwade in 1988 heeft afgesloten en niet geneigd lijkt om het onderzoek te heropenen. Dat onderzoek omvatte overigens niet de hele 20ste eeuw, zoals de herinnering aan het jaar 1898 dat kan suggereren. In vele opzichten had het wetenschappelijk onderzoek uitsluitend betrekking op de jaren 1969-1988. Ondanks een bewogen voorgeschiedenis werd de lijkwade pas in 1969 voor het eerst, en nog zeer beperkt, ter beschikking van wetenschappers gesteld. En in 1988, na de C14-datering, werd het onderzoeksvenster alweer gesloten.

Nochtans werden op de lijkwade vele andere onderzoeken verricht dan het C14-onderzoek. Zo openden het pollenonderzoek, het onderzoek naar de bloedsporen op de lijkwade en de literaire bronnen even bruikbare sporen van een bredere benadering dan de C14-datering. Maar het mocht niet baten. In 1988 was het de C14-datering die de doorslag gaf om het wetenschappelijk lijkwadeonderzoek in vele opzichten te begraven.

Gaandeweg was er niemand meer die de C14-datering van 1988 durfde te bevestigen. Zelfs de wetenschappers van 1988 haakten af, of zouden zich veel gedeisder opstellen. Maar een alternatief voor 1988 was er niet. Als de C14-datering geen consensus kon bewerken, kon enig alternatief dat evenmin. Omdat Rome liever het C14-verdict aanvaardde dan een alternatieve piste te durven verkennen. Liever een vervalsing dan een authentieke lijkwade die de traditionalistische geloofswaarheid zou bedreigen. Daar deed Rome nooit moeilijk over.

19

Een vernuftig kunstwerk?

Als de lijkwade het werk is van een vernuftige kunstenaar liggen een schilderij of een fotografische afdruk het meest voor de hand. Toch hebben tal van onderzoeken bijna unaniem aangetoond dat er op de lijkwade van Turijn geen spoor van verf, pigment, penseel- of borstelstreken kon aangetroffen worden. Tenzij een kunstenaar 'een penseel niet groter dan een haarvat' had kunnen bedenken, waarmee hij de bovenste vezels van het lijnwaad elk afzonderlijk had kunnen bewerken. Omdat 'alleen de bovenste vezels van de draden de vergeling vertonen die de afbeelding deed ontstaan, niet de vezels er onder, alsof de afbeelding maar één vezel diep zit'. Aldus Lavoie die zelfs op 64 keer vergrote foto's van de lijkwade geen verfrestanten kon vinden.

Rodney Hoare zag vier redenen waarom de afbeelding op de lijkwade geen schilderij kon zijn. Ten eerste het ontbreken van zichtbare penseelstreken. De Britse natuurwetenschapper kent geen schilderij dat onder een microscoop geen lijnen en streken laat zien. Ten tweede is het weefsel zo licht dat het geen kleurstoffen kon opnemen. Het weefsel zelf was verkleurd, maar zonder met een kleurstof bewerkt te zijn. Ten derde sloot Hoare uit dat het in de 14de of 15de eeuw mogelijk was een negatief beeld te schilderen, overigens van een anatomische perfectie zonder voorgaande. Er is geen ander voorbeeld van 'een negatief kunstwerk'. En ten vierde zou geen middeleeuwer een naakte Christus geschilderd hebben, met voor- en achterkant. Ook daarvoor was er geen precedent, noch in het Oosten noch in het Westen. Als Christus werd afgebeeld, overigens ook in latere eeuwen, was het altijd een figuur met een kuise lendendoek, nooit een naakte Christus.

Een zeldzame uitzondering die de lijkwade als een vernuftig schilderij beschouwde, mogelijk een vervalsing uit de 14de eeuw, was de Amerikaanse scheikundige en microanalist Walter McCrone (1916-2002). Bij een analyse van de rode vlekken op de lijkwade, volgens andere deskundigen een kwestie van bloedsporen, vond of bedacht McCrone in 1998 sporen van 'rode oker en ijzeroxide'. Mogelijk ook kwiksulfide of vermiljoen, een ondoorschijnend en briljant rood pigment. Opgelost in een bindmiddel van gelatine, 'een tempera van collageen' of een substantie op basis van eiwitten. Om beurten had McCrone het, volgens Wilson, over 'een pigment dat bestaat uit miljarden kleine deeltjes ijzeroxide in een medium van water en collageen', over 'sinopia, een rood okerpigment dat verkregen werd uit het ijzererts sinopiet' of over 'een subtiel ijzeroxide gelatinemedium'. Kleurstoffen of pigmenten waarover ook de middeleeuwer kon beschikken, zodat McCrone bij de eersten was om de C14-datering triomfantelijk te begroeten als 'een bewijs van zijn betoog'.

Weerwerk kreeg McCrone vooral van twee wetenschappers uit Connecticut, internist John Heller (1921-1995) en chemicus Alan Adler (1931-2000). Ook Heller en Adler vonden op de lijkwade sporen van ijzeroxide, maar zíj waren van oordeel dat die stof niet door een kunstenaar was aangebracht. Omdat vlas, de grondstof van het linnen, tijdens het roten uit het water ijzer opneemt, naast calcium en strontium. Bovendien kwamen Heller en Adler, luidens Wilson, tot het verrassende besluit dat de afbeelding op de lijkwade er niet was gekomen door 'aan de lijkwade iets toe te voegen' maar doordat er iets 'werd weggenomen'. Alsof de vezels waaruit de afbeelding bestaat, onder invloed van een of andere vorm van straling, sneller verouderden of degenereerden dan de rest van de stof. Met die suggestie kwamen Heller en Adler dicht bij de stralingstheorieën van de STURP-groep, vooral samengesteld door natuurwetenschappers vertrouwd met vele vormen van straling. Al wilden de wetenschappers uit Connecticut naar verluidt niet bij deze speculaties betrokken worden.

Voorzichtigheidshalve hielden Heller en Adler het bij vezels die kennelijk weggevreten werden door 'het proces dat de afbeelding tot stand bracht'. Waarbij het de wetenschappers niet kon ontgaan dat de bloedsporen op de lijkwade, door McCrone als 'rode oker' geïdentificeerd, een veel evidentere verklaring bieden voor de aanwezigheid van ijzeroxide dan het pigment van McCrone. Omdat bloed en vooral hemoglobine, het eiwit van de rode bloedcellen, en bilirubine, een geel afbraakproduct van hemoglobine en rode bloedcellen, een veel betere verklaring bieden voor de aanwezigheid van ijzeroxide en voor de kleurschakeringen op de lijkwade dan de rode oker van McCrone. Omdat bloedsporen DNA bevatten, rode oker niet. Hetgeen Marcello Canale van het Genuese Instituut voor Gerechtelijke Geneeskunde in 1995 kon bevestigen. Het was Canale die op twee 1,5 cm lange draden, gehaald uit het bloedbevlekte voetgedeelte van de lijkwade, DNA kon isoleren.

Het meest besproken alternatief voor een schilderij is de suggestie dat de afbeelding op de lijkwade wijst op een fotografische afdruk. Gangmaker van dit fotografische alternatief was de Zuid-Afrikaanse professor Nicholas Allen, voorzitter van de faculteit van kunst en vormgeving aan het Technikon van Port Elizabeth. Allen suggereerde als eerste, in 1993, dat de afbeelding op de lijkwade kan ontstaan zijn door 'een technologie verwant met fotografie, op basis van substanties waarover ook de middeleeuwer in de 14de eeuw kon beschikken'. Met name bergkristal, zilverzouten en ammoniakzouten.

Volgens Wilson construeerde Allen daartoe een camera obscura in de vorm van een kamer die hij volledig lichtdicht maakte, met uitzondering van de opening voor een bergkristallen lens. Een lens die hij kon openen en sluiten. Daarna bracht hij een doek in de kamer met dezelfde afmetingen als de lijkwade, gedoopt in het lichtgevoelige zilvernitraat. Als 'lijk' maakte hij een perfect gipsafgietsel van het naakte lichaam van een geschikt mannelijk model met baard, neergelegd in een houding die zo goed mogelijk overeenkwam met de figuur op de lijkwade. Het object werd vier dagen belicht. Naderhand werd het doek in een ammoniakoplossing gewassen, waardoor de afbeelding een strogele kleur kreeg.

Wilson was van oordeel dat het experiment van Allen een aantal opmerkelijke overeenkomsten met de lijkwade liet zien. De strogele verkleuring van de bovenste vezels van het linnen, een fotografisch negatief, geen kleuren of pigmenten, geen penseelstreken, watervast en thermisch en relatief chemisch stabiel. Toch besloot Wilson dat het experiment van Allen hooguit bevestigde dat de afbeelding 'een fotografisch karakter' vertoont. Maar dat beweren ook voorstanders van de authenticiteit van de lijkwade, een lijnwaad dat als het ware een foto van de Gekruisigde laat zien. En omdat Allen als fotografisch model een gipsafgietsel gebruikte, en geen bloedend *lijk*, wil dit nog niet zeggen dat een middeleeuwer zonder grondige kennis van de fotografie en zonder de substanties waarvoor hij door Allen geacht werd te kunnen beschikken, hetzelfde resultaat had kunnen boeken.

Bekendheid kreeg het experiment van Allen vooral via de Engelse auteurs Lynn Picknett en Clive Prince die in 1994 naar verluidt ook de man vonden die dit laatmiddeleeuwse huzarenstukje kan bedacht en uitgevoerd hebben, Leonardo Da Vinci natuurlijk. Dat was al een suggestie van de voormalige directeur van de Turijnse kunstgalerieën Noemi Gabrielli, die in 1973 betrokken was bij het lijkwade-onderzoek. Volgens Wilson merkte Gabrielli al op dat 'de stilistische kenmerken' van de lijkwade erop wijzen 'dat dit niet dezelfde lijkwade is als de lijkwade die voor het eerst in 1357 in Lirey verscheen'. 'Het lijkt een latere versie te zijn die ongeveer 150 jaar jonger is, maar die wel dateert van vóór de brand van 1532.' Zo suggereerde Gabrielli het eerst dat 'ergens in de late 15de - begin 16de eeuw' iemand uit de Savoiefamilie heimelijk 'de eerder weinig overtuigende lijkwade van Lirey' verving door een lijkwade die in die dagen speciaal geschilderd werd door een groot kunstenaar, in voorkomend geval Leonardo da Vinci.

Helaas was Da Vinci (1452-1519), een Italiaans genie uit de 15de en 16de eeuw, onmogelijk te rijmen met de grenzen van de C14-datering (de jaren 1260-1390) en met de eerste publieke vertoning van de lijkwade in het Westen, in 1357 in het Franse Lirey. Maar dat was voor Picknett en Prince geen bezwaar. Zoals Gabrielli suggereerden ze meteen dat de lijkwade van Turijn niet de lijkwade van Lirey was, maar een verbeterde versie op naam van Da Vinci. Waarbij de lijkwade van Lirey stiekem zou verdwenen zijn. Da Vinci zou de lijkwade van Turijn in de jaren 1490-1500 geschilderd hebben op linnen ingevoerd uit het Heilig Land, met het gelaat van de Gekruisigde als een fotografisch zelfportret van zichzelf. De term *geschilderd* is hier dus niet op zijn plaats. Want het Italiaanse genie zou de afbeelding op de lijkwade gemaakt hebben met behulp van een *laterna magica*, een eenvoudig projectieapparaat en lichtgevoelige zilveren componenten die al in zijn tijd beschikbaar waren. Grofweg de ingrediënten waarvan ook Nicholas Allen zich later zou bedienen om de afbeelding op de lijkwade via een fotografische techniek een natuurlijke verklaring te geven.

Sinds de Franse sindonoloog Vignon al in de vroege 20ste eeuw experimenteerde met mirre, aloë en ammoniak om zijn vaporisatietheorie te kunnen staven, werden talloze experimenten uitgevoerd om een even vernuftig schilderij als de lijkwade te produceren. Veel succes had Vignon niet met zijn experimenten, omdat hij nimmer een overtuigende kopie van de afdruk op de lijkwade kon produceren. Een wetenschapper die in 1939 de experimenten van

Vignon overdeed, de Turijnse forensische patholoog-anatoom Ruggero Romanese, moest dat eveneens ervaren. Romanese gebruikte de lichamen van pas overledenen, die hij met een natuurlijke zweetoplossing bestreek en in lijkwaden wikkelde, bewerkt met mirre en aloë. 'Door verdamping,' aldus Van Haelst, 'bekwam men na lange tijd een verkleuring van het linnen, zonder echter de duidelijkheid van de afdrukken op de lijkwade van Turijn te evenaren.' Zoals men ook nooit een lijkwade vond met een gelijkaardige afbeelding als de lijkwade van Turijn, omdat een lijk in staat van ontbinding elke afdruk weer uitwist.

Maar wat Vignon en Romanese niet konden bewijzen, konden de voorstanders van een vernuftig schilderij of een perfecte fotografische afdruk evenmin. Als McCrone, nog de meest overtuigende voorstander van de lijkwade als een schilderij, het ontbreken van penseelstreken oplost door te suggereren dat een handige schilder de lijkwade 'met z'n vingertoppen' bewerkte, hebben voorstanders van een schilderij geen been meer om op te staan.

Toch maakte een Italiaanse wetenschapper, professor organische scheikunde Luigi Garlaschelli aan de universiteit van Pavia, naar eigen zeggen nog in 2009 een reproductie van de lijkwade. Waarmee hij wou bewijzen dat het originele exemplaar niet authentiek is. Garlaschelli gebruikte voor zijn namaakexemplaar alleen technieken 'die in de middeleeuwen voorhanden waren'. Zo gebruikte hij een linnen kleed dat was geweven met een middeleeuwse techniek. Dat linnen werd dan gewassen en verhit om het ouder te laten lijken. Vervolgens werd het pigment rode oker gebruikt – een suggestie van McCrone – om een afbeelding van een gekruisigde man in het doek aan te brengen. Garlaschelli presenteerde zijn bevindingen op een conferentie van het Comitato Italiano per il Controllo delle Affermazioni sul Paranormale, de Italiaanse poot van de Europese Raad van Sceptische Organisaties.

20

Het bewijs dat Christus verrezen is

Als de lijkwade geen vernuftig kunstwerk is, geen schilderij noch een door mensen gemaakte fotografische afdruk, wenken maar twee alternatieven. Dat de lijkwade het resultaat is van een natuurlijk proces, een chemische reactie van lichaamsvochten en kruiden met het lijnwaad, al honderd jaar lang de stelling-Vignon. Of dat de lijkwade wel degelijk een fotografische afdruk is, niet door mensen gemaakt maar het gevolg van een intense stralingsenergie, de energetische *flash* van de verrezen Christus. Kortom, het bewijs dat Christus waarlijk verrezen is. Het ligt voor de hand dat het Vaticaan, graag op zoek naar een wetenschappelijke bevestiging van de oudste geloofswaarheden, die optie het meest genegen is. Maar dat wil niet zeggen dat het Vaticaan het wetenschappelijk gelijk aan zijn kant heeft.

Vooral de gangmakers van de Amerikaanse STURP-groep, John Jackson en Eric Jumper, waren in de jaren 1970 verzot op stralingstheorieën die de authenticiteit van de lijkwade zouden kunnen bevestigen. Het waren Jackson en Jumper die in 1978 tekenden voor het grootste en meest imposante lijkwade-onderzoek ooit, toen ze wel 30 Amerikaanse experts met hun meest verfijnde hulpmiddelen naar Turijn overvlogen. De meeste experts waren Amerikaanse stralingsdeskundigen, even vertrouwd met alle mogelijke stralingseffecten als met de geheimen van nucleaire labs. Het ultieme bewijs dat Christus verrezen was, konden ze in 1978 niet leveren. Wel maakten ze brandhout van alle pogingen om de lijkwade als een vernuftig menselijk kunstwerk af te voeren. Een door mensenhanden gemaakt product was de lijkwade zeker niet. Het meest voor de hand liggend alternatief, voor de veelal nucleaire wetenschappers, was de *flash* van de verrijzenis. Een zo felle uitstoot van energie, verwant met een nucleaire explosie, dat het lichaam van de verrezene op het lijnwaad werd ingebrand.

Enig overtuigend bewijs van hun uitgangspunten konden Jackson en Jumper nooit leveren. Omdat hun obsessie met een nucleaire explosie, de explosie die ze het best kenden, nooit kon verklaren waarom de lijkwade door de *flash* van de verrijzenis niet compleet vernietigd werd. Een explosie van energie die op de lijkwade een zo zwakke afdruk van de Gekruisigde zou nalaten, was een contradictio in terminis. Wie voor de zwakke en flauwe afbeelding op de lijkwade een forse verklaring zoekt, kan met het equivalent van een nucleaire explosie nergens terecht. In dat geval zou van de lijkwade geen spoor zijn overgebleven. En wat er wel overbleef, wijst op een heel andere explosie dan Amerikaanse natuurkundigen en kernfysici zich in 1978 konden voorstellen: de blote maar flauwe afdruk van een gekruisigde. Geen *pantocrator*, de schepper van alles, maar hooguit de schaduw van een terechtgestelde. Dat had de STURP-groep zich wel anders voorgesteld.

Sinds de Franse historicus Arthur Loth ruim honderd jaar geleden de stelling verdedigde dat de afdruk op de lijkwade veroorzaakt werd door 'een zeer kortstondige bliksemflits', het gevolg van 'de bij de verrijzenis vrijgekomen energie', blijft die stelling het goed doen. Aanvankelijk werd de mening van Loth door de wetenschap verworpen, omdat wetenschappers nauwelijks kunnen uitgaan van de verrijzenis. Evenmin kunnen ze een verklaring van de afdruk op de lijkwade accepteren op basis van een bovennatuurlijk en niet-waarneembaar gebeuren. Wellicht waren het de opkomst van de kwantumfysica en het nucleaire onderzoek, aansluitend bij de ontwikkeling van kernwapens en civiele nucleaire technologie, die ook voor de sindonologie nieuwe perspectieven openden. Want vooral Amerikaanse atoomfysici, verenigd in de STURP-groep, ontwikkelden in de tweede helft van de twintigste eeuw een opvallende belangstelling voor de lijkwade van Turijn.

Een prominent lid van die STURP-groep was de Amerikaanse chemicus Raymond of Ray Rogers (1927-2005), vele jaren expert explosieven en warmte-analyse van de atoomlabs van Los Alamos, New Mexico. Later kreeg hij de rang van luitenant-generaal bij de Amerikaanse luchtmacht. Van het STURP-jaar 1978 tot zijn dood in 2005 liet de lijkwade van Turijn hem geen dag meer los. Als nucleaire expert was Rogers ervan overtuigd dat de afdruk op de lijkwade het werk was van straling, in voorkomend geval stralingsenergie als gevolg van de verrijzenis of transfiguratie. In 1988 moest hij zich noodgedwongen neerleggen bij de C14-datering. Maar gaandeweg sloot Rogers zich aan bij critici van de C14-datering die volhielden dat de lijkwademonsters van 1988 niet representatief waren voor de lijkwade. Omdat ze weggeknipt werden uit het patchwork, de herstelwerkzaamheden van de zusters clarissen in 1534. Wat de chemicus onder de microscoop kon bewijzen. Rogers was een van de wetenschappers die tevergeefs bleef pleiten voor een nieuwe C14-datering, deze keer op monsters die *wel* representatief zijn voor de lijkwade. Tegelijk bleef hij zoeken naar de stralingsenergie die de afdruk op de lijkwade had nagelaten, omdat hij in deze materie zich geen valabel alternatief voor een stralingsbron kon indenken.

Dat was ook de mening van de Britse cultuurhistoricus Geoffrey Ashe en de Brits-Australische veelschrijver Rex Morgan. Volgens Ashe, geciteerd door Robert Wilcox, was het 'een korte maar sterke uitbarsting van een of andere vorm van straling, als gevolg van de verrijzenis, die de lijkwade verschroeide'. Ashe, gespecialiseerd in de legendarische koning Arthur, noemde de lijkwade 'een vreemde foto van de verrezen Christus'. *A quasi-photograph of Christ returning to life*, en slechts begrijpelijk vanuit 'een buitengewoon gebeuren'. Terwijl Rex Morgan de lijkwade uitsluitend door een nucleaire bril kon bekijken, 'de onvoorstelbare energie die in een fractie van een seconde vrijkomt' en die 'iets kan fixeren, zonder het te vernietigen'.

De Britse historicus Ian Wilson verwees dan weer naar de Amerikaanse kwantumfysicus Thomas Phillips (Harvard) die zelfs een verklaring vond voor de foute C14-datering. Omdat 'het lichaam van de verrezene neutronen kan uitgestraald hebben' die C13 (zes protonen, zeven neutronen) op de lijkwade omgezet hebben in C14 (zes protonen, acht neutronen). Genoeg C14 om de hele C14-datering te vervalsen. Zodat een doek, de lijkwade, dat wel degelijk 2000 jaar oud is op basis van de C14-datering in de 14de eeuw kon gedateerd worden. Overigens is ook Wilson van oordeel dat de afdruk op de lijkwade 'niet op natuurlijke wijze kan verklaard worden, wel door een extreme energieflits die een afdruk van de Verrezene op de lijkwade heeft ingebrand'. Dat is overigens ook de mening van Bruggeling Oktaaf Boie, die de afbeelding op de lijkwade verklaart door 'een dehydrerende energie-uitstraling vanuit het dode lichaam van de Gekruisigde'. 'De lichtbron was het object zelf, het nog dode lichaam dat op een bepaald ogenblik zelf de energie uitstraalde, een verschroeiing vergelijkbaar met een intense hittestraling van uiterst korte duur, een flash of flits.'

De voorbije kwart eeuw was de belangrijkste gangmaker van de lijkwade als bewijs van de verrijzenis nochtans niet de STURP-groep maar een Hongaars-Amerikaanse katholieke kunstenares en kwantumnatuurkundige, Isabel Piczek. Geboren in 1941 in Boedapest als dochter van kunstenaar Zoltan Piczek, was Isabel een wonderkind. Al in 1954, op haar 13de, studeerde ze af aan de Academie voor Schone Kunsten in Boedapest. Toen bleek dat ze haar opleiding in Moskou moest voltooien, vluchtte ze met haar zus Edith via Oostenrijk naar het Westen. Nauwelijks in Rome aangekomen, deed ze mee aan een openbare wedstrijd om een grote muurschildering te maken voor het Pauselijk Bijbelinstituut. Het werd haar eerste voorbeeld van mystiek realisme. Nog in de jaren 1955-1956 volgden 42 muurschilderingen in Italië. In 1956 verhuisde ze naar Los Angeles, om er steeds grotere muurschilderingen te ontwerpen. Met zus Edith zou Isabel in de VS honderden muurschilderingen, fresco's en glasramen ontwerpen voor kapellen, kerken en kathedralen. Terwijl ze in de VS ook kwantumfysica studeerde, ook bekend als deeltjesfysica of hoge-energiefysica. Het was de kwantumfysica, de studie van de subatomaire deeltjes waaruit alle materie bestaat, die haar de afdruk op de lijkwade met andere ogen deed bekijken. Tegelijk werd ze lid van AMSTAR, de American Shroud of Turin Association for Research.

Piczeks eerste lijkwade-onderzoek resulteerde in haar overtuiging dat 'geen enkele kunstenaar uit de middeleeuwen een negatieve afbeelding kon geschilderd hebben als de perfecte afbeelding die op de lijkwade getoond wordt'. Of nog sterker, citeert Wilson de bevlogen kunstenares, 'dat zelfs vandaag, met of zonder hulp van een camera, niemand een perfecte negatieve afbeelding kan schilderen'. Volgens Piczek is tekenen en schilderen met een levend model in positieve tonen van licht en schaduw al moeilijk genoeg, wat ze voor haar kunstwerken voortdurend kon ervaren. 'Het omgekeerde doen, een negatief beeld tekenen of schilderen zonder middelen om je werk te controleren, is vrijwel onmogelijk.'

In 2009, na uitvoerig onderzoek van de lijkwade, ging Piczek nog een heel eind verder. Zo stelde ze in een tv-documentaire – *The Fabric of Time* – dat ze hard wetenschappelijk bewijs ontdekte dat Jezus Christus effectief 'uit de dood is opgestaan'. Volgens Piczek is Jezus' afbeelding op de lijkwade in een fractie van een seconde als 'een driedimensioneel kwantumhologram' – een driedimensionele afbeelding van een object in een plat vlak – op het linnen geprojecteerd. 'Terwijl Zijn lichaam het proces van wederopstanding onderging', omdat 'de afwezigheid van vervormingen op de afbeelding fysiek onmogelijk is als het lichaam op een hard vlak lag'. Piczek suggereert zelfs dat het hologram, een driedimensioneel beeld, gecreëerd werd 'bij een toestand van afwezigheid van de effecten van de zwaartekracht'. Alsof het een afdruk was van 'een zwevend lichaam'. In een fractie van een seconde ontheven van de zwaartekracht, de entropie, tijd en ruimte. Alsof 'heel even' alle natuurwetten werden opgeheven.

Toch gaat Piczek precies op dit punt de mist in. In haar ogen wordt de verrijzenis zelfs 'een tweede big bang' of een tweede schepping, en blijft de lijkwade daarvan de kroongetuige. Waarbij ze het heeft over twee waarnemingshorizons of *event horizons*, de ene van beneden, de andere van boven, die in een fractie van een seconde elkaar ophieven toen in het graf van de Nazarener 'de kwantumtijd tot het absolute nulpunt verviel', alsof de tijd heel even werd stilgezet en de ruimte heel even weer tot niets herleid werd. Waarbij de verrezene als eerste naar 'een andere tijd' en 'een andere wereld' is overgestapt, van deze naar gene zijde van onze waarnemingshorizon. Binnen onze waarnemingshorizon uitsluitend een negatieve afdruk op zijn lijkwade nalatend.

Of die voorstelling van zaken overeenstemt met de algemene relativiteitstheorie, moeten Piczek en de kwantumfysici maar zelf uitmaken. Van het hologram dat de even geleerde als gelovige kunstenares voorstelt, kan een leek zich nog een voorstelling vormen. Maar wie zich twee waarnemingshorizons kan voorstellen die in een fractie van een seconde elkaar opheffen, is zijn lezers meer uitleg verschuldigd dan *The Fabric of Time* te bieden heeft. Er zijn zaken die ook geoefende geesten niet kunnen doorgronden.

21

Het bewijs dat hij Zijn kruisiging overleefde

Tegenover het kwantumvisioen van Piczek staat de aloude verklaring van Paul Vignon, de Franse vader van de sindonologie, nog altijd overeind. Dat de afdruk op de lijkwade het resultaat is van een natuurlijk proces. Een chemische reactie van lichaamsvochten en uitwasemingen – bloed, zweet, ureum – en een mengsel van mirre en aloë op het lijnwaad. Het gevolg van een natuurlijk oxidatieproces in de cellulose van de vlasdraden. Niet-door-mensen-gemaakt en dus geen vernuftig kunstwerk, maar evenmin het resultaat van een bovennatuurlijke flash, het stralend verschroeiende licht van Zijn verrijzenis.

De vaporisatietheorie of vaporografie van Vignon had twee nadelen of riep minstens twee vragen op. Een eerste vraag was de uniciteit van de afdruk op de lijkwade. Als het om een natuurlijk proces ging, waarom werd dan nimmer een andere lijkwade met gelijkaardige afdruk gevonden? En hoewel Vignon experimenteerde met lichaamsvochten, kruiden en doeken, verkreeg hij nooit een afdruk die enige gelijkenissen met de afdruk op de lijkwade kon evenaren. Een tweede vraag is eerder een bedenking. Dat het natuurlijk proces dat Vignon beschrijft, eerder wijst op een nog levende dan op een dode gekruisigde. Dat de gekruisigde Zijn kruisiging overleefde. Omdat alleen een zwaar gewond maar nog levend, bloedend en transpirerend lichaam, zo suggereren navolgers van Vignon en voorstanders van een natuurlijk proces, soortgelijke afdruk kon nalaten op het linnen dat hem geheel omvatte. En natuurlijk kon Vignon zijn vaporisatietheorie nooit uittesten op een nog levende gekruisigde, zodat zijn experimenten nauwelijks het gewenste resultaat konden opleveren.

Vignon zelf, te gelovig om de christelijke dogma's in gevaar te brengen, zou zich nooit over een nog levende gekruisigde uitspreken. Gangmaker van de stelling dat de gekruisigde Zijn kruisiging overleefde, was overigens een obscure en weinig onderlegde Duitser, Hans Naber. Geboren uit katholieke ouders in Stuttgart (1921) schreef hij in het Duits onder het pseudoniem Kurt Berna. In het Engels noemde hij zich John Reban. Naber, Berna en Reban zijn anagrammen. Ofschoon hij zichzelf een sindonoloog noemde, kreeg hij geen wetenschappelijke vorming en wees niets in zijn opleiding op een ontmoeting met de lijkwade van Turijn. In de jaren 1930 zat Naber op een hotelschool. Tijdens de Tweede Wereldoorlog vocht hij in de *Wehrmacht*. Later leefde hij van de zwarte markt. Eigenaardig genoeg had hij nooit van de lijkwade gehoord toen Christus zelf hem, naar eigen zeggen, in februari 1947 zeven dagen lang verscheen. Om hem in visioenen de waarheid over Zijn aardse leven te openbaren. Dat hij Zijn kruisiging overleefde, want dat hij levend begraven werd. En dat hij naderhand is uitgeweken naar Kasjmir, op zoek naar de verdwenen stammen van Israël, waar hij pas op hoge leeftijd zou overleden zijn.

Pas een jaar later, in 1948, hoorde Naber iets over de lijkwade. Het werd het begin van steeds nieuwe traktaten, opstellen, boeken en verslagen waarin hij, vooral in de jaren 1950 en 1960, z'n missie beschreef. Zo vond hij op de lijkwade 'tastbare bewijzen' van wat zijn visioenen hem openbaarden. Zo was hij ervan overtuigd, en verkondigde hij ook, dat de bloedvlekken op de lijkwade bewezen dat Jezus nog leefde toen hij van het kruis werd genomen en in het linnen werd gelegd. Omdat 'een lijk, zonder het pompende hart, nooit zoveel bloed kon verliezen'. En omdat de lijkwade ook geen sporen zou vertonen van de typische lijkstijfheid, de rigor mortis die al enkele uren na iemands dood intreedt. In 1972 werd Naber door een rechtbank in Stuttgart tot twee jaar gevangenisstraf veroordeeld wegens aanhoudend bedrog. Zelf noemde hij het Vaticaan zijn grootste vijand, die 'hem met alle middelen het zwijgen wou opleggen'.

Sinds de jaren 1970 werd nauwelijks nog iets van Naber gehoord. Wellicht zouden zijn visioenen en pamfletten een vroege dood gestorven zijn als zijn Duitstalige jongere tijdgenoten Elmar Gruber en Holger Kersten, betere schrijvers en ook beter gedocumenteerd dan Naber, zijn basisinzichten niet overgenomen hadden. Gruber en Kersten gaan in hun boeken veel uitvoeriger in op de bloedsporen en kwetsuren op de lijkwade, terwijl Kersten persoonlijk het Kasjmirspoor van Naber natrok. Want dat Kasjmirspoor heeft Naber zelf niet uitgevonden. Kersten vond in Srinagar veel oudere sporen van een profeet *Yesu* of *Yuz Asaf*, door moslims ook *Isa* of *Issa* genoemd, en zelfs van ene *Masih*, *Masiho* of *Masiha*, volgens Kersten Urdu-varianten voor de Hebreeuwse term *Messias*, de Gezalfde, in het Grieks vertaald als *Chrestos*. Een Indisch spoor van apostolische contacten met de Nazarener dat dan weer niet zo vreemd is voor wie bedenkt dat de apostel Thomas het evangelie preekte aan de kust van Malabar, in Zuid-India. Waar christenen zich ook vandaag nog, bijna tweeduizend jaar later, op Sint-Thomas beroepen.

De meeste indruk maakten Gruber en Kersten met hun reconstructie van de graflegging van de Nazarener. Omdat de evangelist Johannes (Joh 19,39) erop wijst dat Nikodemus, handlanger van Jozef van Arimatea, een mengsel meebracht van mirre en aloë, 'ongeveer honderd pond'. Honderd pond, dat komt volgens Gruber en Kersten overeen met zo'n 33 kilo. Nochtans waren mirre en aloë geen gangbare producten bij een Joodse begrafenis. Bij een Joodse begrafenis hoorden het wassen en oliën van het lijk, niet de stoffen die Johannes vermeldt. Zoals mag blijken uit de begrafenis van Lazarus in hetzelfde Johannesevangelie. Al werden mirre en aloë in kleine hoeveelheden allicht ook als reukwerk gebruikt. Tweeduizend jaar geleden stonden mirre en aloë vooral bekend om hun desinfecterende of ontsmettende werking. Doeltreffende middelen om wonden te genezen of bloedingen te stelpen of om in gelvorm toegepast te worden bij de genezing van huidwonden en brandwonden. Zelfs de middeleeuwers kenden mirre als een middel tegen infectieziekten. Mirre en aloë laten zich uitstekend verwerken tot zalven en tincturen. Ten tijde van de Nazarener waren het de meest geschikte middelen voor een snelle en doeltreffende genezing van wonden. Middelen, zeker in grote hoeveelheden, die er volgens Gruber en Kersten op wezen dat de Nazarener niet dood was. Want in dat geval hadden genezende of helende producten geen enkele betekenis.

Daarbij viel vooral de hoeveelheid, honderd pond, mirre en aloë Gruber en Kersten op. Dat kon volgens de Duitstalige auteurs alleen betekenen dat de reukstoffen van de lijkwade één reusachtige wondpleister maakten, die als een kompres op het lichaam drukte en het geheel verpakte. In voorkomend geval het lichaam van de nog levende Nazarener, vreselijk toegetakeld door geseling, doornenkroon en kruisiging, maar nog in leven. Omdat een Romeinse kruisiging berekend was op een langzame en uiterst pijnlijke, geen snelle en zoete dood. Alleen wanneer de gekruisigde als een genademaatregel de benen gebroken werden, stierf hij door verstikking. Omdat hij als gevolg van zijn gebroken benen het lichaam niet meer kon oprichten om te ademen.

De vier evangelisten bevestigen dat de benen van de Nazarener *niet* gebroken werden, omdat de Romeinen van oordeel waren dat hij al dood was. Dood, of in een diepe coma verzonken. Aangenomen dat volgelingen van de Nazarener erin slaagden, omdat 'hij dorst had', hem via een spons op een speerpunt 'zure wijn' naar de lippen te brengen (Joh 19,29). Gewoon zure wijn? Of 'zure wijn met een flinke portie opium', aldus Gruber en Kersten, genoeg om 'de hartslag te vertragen, de ademhaling te doen verflauwen en het lichaam geheel te verslappen'. Al in voorchristelijke tijden groeide ook in het Heilig Land de papaver somniferum die genoeg morfine bevatte om een patiënt in een diepe en pijnloze coma te dompelen. En er waren ongetwijfeld Joodse artsen, zeker onder de essenen, die toen al de geheimen van de papaverteelt beheersten.

Vraag blijft of een gekruisigde zijn kruisiging wel kon overleven. Zo'n overleving was ongetwijfeld zeldzaam, maar het kon. Omdat een Romeinse kruisiging op zich niet dodelijk was. Het kwam eropaan de gekruisigde 'zo lang mogelijk' te laten lijden. Al was het uiteraard niet de bedoeling een gekruisigde naderhand weer tot leven te wekken. Toch vermeldt de grootste Joods-Romeinse historicus van de eerste eeuw, Flavius Josephus, een gekruisigde die z'n kruisiging zou overleven. Dat blijkt uit z'n autobiografisch werk *Uit mijn leven,* waarin Josephus, als Joodse opstandeling naar de Romeinen overgelopen, jaren later nogmaals terugblikte op de grote Joodse opstand in de jaren 66-70. Een opstand die door de Romeinen bekroond werd met de totale vernietiging van Jeruzalem. 'Toen ik door Titus Caesar [zoon van de toenmalige keizer Vespasianus en de Romeinse bevelhebber in Judea] naar een dorp dat Tekoa heette werd gezonden (...) zag ik op de terugweg een groot aantal krijgsgevangenen aan kruisen hangen. Ik herkende drie bekenden van mij. Mijn hart kromp ineen en ik ging in tranen naar Titus en vertelde het hem. Onmiddellijk gaf hij opdracht hen van het kruis te halen en hen de best mogelijke verzorging te geven. Voor twee van hen kwam de zorg te laat, maar de derde heeft het overleefd.'

Zoals bekend werd de Nazarener gekruisigd op de dag vóór de sabbat, bovendien de eerste dag van het Joodse paasfeest. Volgens de vier evangelisten gebeurde dat op een vrijdag en gaf Hij de geest omstreeks 15 uur, het negende uur voor wie de dag om zes uur 's ochtends laat beginnen. Volgens de Joodse traditie begon de sabbat op vrijdagavond 18 uur. Het uur dat de gekruisigde moest verwijderd worden voordat het Joodse paasfeest aanbrak. Ook die timing impliceert dat de Nazarener hooguit drie uur aan het kruishout hing. Normaliter kon dat oplopen tot twee à drie dagen. Ook die korte tijdspanne vergroot de kansen dat de Gekruisigde bij Zijn kruisafname nog in leven was.

Dat concludeerde ook Rodney Hoare, vele jaren voorzitter van de British Society for the Turin Shroud. Vooreerst was de afbeelding op de lijkwade volgens de Britse natuurwetenschapper 'een thermografische registratie' van het lichaam dat erin gelegen had. Ook Hoare vond op de lijkwade bloedsporen die niet uitsluiten 'dat de gekruisigde in zijn lijkwade nog in leven was' en vond geen sporen van de rigor mortis. Wel wees Hoare onder meer op 'de gelijkmatige afdruk' op de lijkwade. Een gelijkmatigheid die erop wijst dat ook de lichaamstemperatuur van de gekruisigde nog gelijkmatig was en dat veronderstelt dan weer 'een nog actieve bloedcirculatie' en 'een nog kloppend hart'.

Een tweede aanwijzing dat de Nazarener zijn kruisiging overleefde vond de natuurwetenschapper in de afwezigheid van ontbindingsverschijnselen. Verschijnselen, zo nuchter door evangelist Johannes opgemerkt na de begrafenis van Lazarus – 'hij riekt al', – die de afbeelding op de lijkwade snel zouden hebben aangetast. Hoare stelt nadrukkelijk dat 'de verrijzenis zuiver fysiek was', dat 'zondagochtend lichaam en lijkwade uit het graf verdwenen waren' en dat 'Arimatea en Nikodemus lichaam en lijkwade in de nacht van zaterdag op zondag uit het graf haalden'. Wellicht brachten ze de gekruisigde naar de woning van Nikodemus. Waar de Nazarener, ondertussen uit zijn coma ontwaakt, van zijn verwondingen kon herstellen. Over zijn verrijzenis sprak Hoare zich als wetenschapper niet uit. Voor hem volstond het dat 'de lijkwade bewijst dat hij op wonderbaarlijke wijze gered werd, en dat is het sterkst mogelijke bewijs van het bestaan van God'.

22

Wat zeggen de evangelies?

Wat zeggen de evangelies over de lijkwade? Bitter weinig. Al in de Handelingen van de Apostelen, naast de vier evangelies het belangrijkste boek van het Nieuwe Testament, wordt de lijkwade niet meer vermeld. Wel bevestigen de vier evangelies unaniem dat de gekruisigde naderhand in een lijkwade werd gewikkeld. Volgens Mattheus, Marcus en Lucas ging het om een *sindon*, een circa 4 meter lange linnen doek of lijkwade waarin een overledene helemaal kon omvat worden. 'Jozef [van Arimatea] nam het lichaam, wikkelde het in een smetteloze lijkwade en legde het neer in zijn graf dat hij pas in de rots had laten uithouwen' (Mt 27,59-60). 'Jozef [van Arimatea] kocht een lijkwade, nam Hem af van het kruis en wikkelde Hem in de lijkwade' (Mc 15,46). 'Na het lichaam van Jezus van het kruis genomen te hebben, wikkelde hij [een zekere Jozef, afkomstig uit de Joodse stad Arimatea] het in een lijkwade' (Lc 23,53). Over die lijkwade weten Mattheus, Marcus en Lucas naderhand niks meer te vertellen. Een evangelische sokkel voor de lijkwade is bijzonder smal.

Volgens Johannes ging het om een *soudarion*, eerder een zweetdoek 'die zijn hoofd had bedekt', naast zwachtels die naderhand in de grafkelder gevonden werden. 'Zij [Jozef van Arimatea en Nikodemus] namen het lichaam van Jezus en wikkelden het met de welriekende kruiden in zwachtels, zoals bij een Joodse begrafenis gebruikelijk is' (Joh 19,40). Pas in een volgend hoofdstuk, als Magdalena, Simon Petrus en 'de door Jezus beminde leerling' het lege graf ontdekken, heeft Johannes het over zwachtels én over 'de zweetdoek [het eigenlijke soudarion] die zijn hoofd had bedekt' en 'die niet bij de zwachtels lag, maar ergens afzonderlijk opgerold op een andere plaats' (Joh 20,7).

'Toen pas ging ook de andere leerling die het eerst bij het graf was aangekomen, naar binnen,' vervolgt Johannes. 'Hij zag en geloofde, want zij hadden nog niet begrepen hetgeen er geschreven stond, dat Hij namelijk uit de doden moest opstaan. Daarop keerden de leerlingen naar huis terug' (Joh 20,8-10). Deze passage betreft de allerlaatste verwijzing naar de lijkwade in de vier evangelies. En ze staat bol van de meest tegenstrijdige interpretaties die de lijkwade kon oproepen.

Weliswaar plooide de Amerikaanse medicus en sindonoloog Gilbert Lavoie, gegrepen door de zinsnede 'Hij zag en geloofde' (Joh 20,8), zich later in alle mogelijke bochten om te betogen dat de meest geliefde leerling van de Nazarener, door de traditie Johannes genoemd, in de grafkelder de afdruk op de lijkwade had gezien. Om daaruit weliswaar niet meteen te besluiten dat de Nazarener 'verrezen' was maar dat Hij 'de zoon van God' was. Maar klopt dat wel met 'een zweetdoek' die 'afzonderlijk opgerold' in de grafkelder lag en met 'de zwachtels' die her en der aangetroffen werden? Op de keper beschouwd, hadden de 14de-eeuwse bisschoppen van Troyes geen ongelijk. Dat de evangelies niets vermelden over een afdruk op de lijkwade 'zoals die in Lirey vertoond werd'. Over een afdruk van de verrezene op de lijkwade zwijgen de vier evangelies en de 27 boeken van het Nieuwe Testament, in alle talen. Dat bleef voor Joodse christenen nog eeuwenlang ondenkbaar. Omdat Joden geen afbeeldingen vereerden en ze zelfs geen afbeeldingen mochten maken. En omdat een lijkwade per definitie onrein was en door niemand mocht aangeraakt, laat staan bewaard worden.

Veel duidelijker, eigenaardig genoeg, zijn de vier evangelies en de Handelingen van de Apostelen over de verrezene. Niet over de verrijzenis zelf, daarvan waren geen getuigen, wel over de gekruisigde die blijkbaar z'n kruisiging overleefde of die uit de dood is opgestaan. Feit is, luidens de vier evangelies, dat hij nog 'veertig dagen lang' aan Zijn apostelen verscheen voordat hij deze aardse wereld definitief zou verlaten, Zijn hemelvaart. Waarbij de evangelies er geen twijfel over laten bestaan dat het de gekruisigde was, met alle fysieke kenmerken van dien, die ze naderhand weer in leven aantroffen.

Niet 'Zijn verheerlijkt lichaam' noch enige buitenaardse verschijning. Geen figuur 'die straalde als een bliksemschicht, en zijn kleed was wit als sneeuw', de manier waarop Mattheus 'een engel des Heren beschrijft' (Mt 28,3) maar een man nog zo duidelijk door zijn kruisiging getekend dat ze hem aanvankelijk niet erkennen. Niet de Christus van de gedaanteverandering of transfiguratie op de berg Tabor – 'zijn gelaat stralend als de zon, zijn kleed glanzend als het licht' (Mt 17,2) – maar de Nazarener van vlees en bloed. Geen verschijning als een devoot bidprentje of een verheven icoon maar een zo reële aanwezigheid dat hij effectief uit de dood leek opgestaan.

Dat bleek al toen de verrezene het eerst verscheen aan Maria Magdalena, 'schreiend bij het lege graf' (Joh 20,11). Blijkbaar zag Hij er zo gewoon uit dat Magdalena dacht dat hij de tuinman was. 'Ze zag Jezus staan, maar zonder te weten dat het Jezus was' (Joh 20,14). 'In de mening dat het de tuinman was, vroeg ze: Heer, mocht gij hem hebben weggebracht, zeg mij dan waar ge Hem hebt neergelegd, zodat ik Hem kan weghalen' (Joh 20,15). Tot ze Zijn stem hoorde, *Mariam!*, die haar de ogen opende.

Nog sterker was het getuigenis van de leerlingen van Emmaüs, een verschijningsverhaal dat uitsluitend door Lucas werd opgetekend. 'Op weg naar een dorp dat Emmaüs heette en zestig stadiën van Jeruzalem lag, spraken twee leerlingen met elkaar over alles wat was voorgevallen. Terwijl ze zo aan het praten waren en van gedachten wisselden, kwam Jezus zelf op hen toe en liep met hen mee. Maar hun ogen werden verhinderd Hem te herkennen' (Lc 24,13-16). In vertaling wil dat zeggen dat Hij er zo gewoon uitzag dat ook zij Hem niet herkenden. Vragen stellend, discussiërend en hen de Schriften verklarend, ging Hij gewoon met hen mee. Toen ze aankwamen bij het dorp waar ze heen gingen, kreeg hij er zelfs honger van en ging Hij in op hun uitnodiging om 'bij hen te blijven'. Volgens Lucas gingen de ogen van de Emmaüsgangers pas open, en herkenden ze Hem 'bij het breken van het brood' (Lc 24,30), 'maar Hij verdween uit hun gezicht' (Lc 24,31). Verdween hij weer? Of waren het de onthutste Emmaüsgangers – wie had er ooit een gekruisigde teruggezien? – die dezelfde avond nog spoorslags naar Jeruzalem terugkeerden, om er verslag uit te brengen bij de apostelen. Overrompeld dat ze Hem niet eens herkend hadden. Om in Jeruzalem te horen dat 'Hij werkelijk verrezen was, want dat hij ook aan Simon [Petrus] was verschenen'.

Met als klap op de vuurpijl dat 'terwijl ze daarover spraken, Hijzelf plotseling in hun midden stond en zei: Vrede zij u'. 'In hun verbijstering en schrik,' noteerde een wakkere Lucas, 'meenden ze een geest te zien. Maar Hij sprak tot hen: Waarom zijt ge ontsteld en waarom komt er twijfel op in uw hart? Kijk naar mijn handen en voeten: Ik ben het zelf. Betast Mij en kijkt: een geest heeft geen vlees en beenderen, zoals ge ziet dat ik heb. En na zo gesproken te hebben, toonde Hij hun zijn handen en voeten.' En weer bleek hij gewoon honger te hebben. 'Hebt ge hier iets te eten? Zij reikten Hem een stuk geroosterde vis aan. Hij nam het en at het voor hun ogen op' (Lc 24,36-43).

Evangelist Johannes, die vrijwel dezelfde verschijning opvoerde als Lucas, stak er nog een tandje bij om de reële aanwezigheid van de verrezene te onderstrepen. Zo merkte Johannes op dat de apostel Thomas, een van de twaalf, er niet bij was toen de verrezene aan Zijn apostelen verscheen. Bijgevolg kon Thomas zijn broeders niet geloven. 'Als ik niet in zijn handen het teken van de nagelen zie en mijn vinger in de plaats van de nagelen kan steken, en mijn hand in zijn zijde leggen, zal ik het niet geloven.' Acht dagen later waren de leerlingen weer in het huis bijeen, deze keer met Thomas er bij. En 'hoewel de deuren gesloten waren, kwam Jezus binnen. Vervolgens richtte hij zich tot Thomas. 'Kom hier met uw vinger en bezie mijn handen. Steek uw hand uit en leg die in mijn zijde, en wees niet langer ongelovig maar gelovig' (Joh 20,24-27).

Zelfs toen de Nazarener later bij het meer van Tiberias aan zijn leerlingen verscheen, herkenden ze Hem niet. Nochtans waren ze met zeven, volgens Johannes 'Simon Petrus, Thomas die ook Didymus genoemd wordt, Natanaël uit Kana in Galilea, de zonen van Zebedeüs [Johannes en Jacobus] en nog twee van zijn leerlingen'. Blijkbaar hadden de apostelen hun gewone bezigheid hervat en gingen ze vissen. 'Maar ze vingen die nacht niets. Toen het reeds morgen begon te worden, stond Jezus aan het strand, maar de leerlingen wisten niet dat het Jezus was.' Zelfs toen Jezus hen aansprak, herkenden ze Hem niet. 'Vrienden, hebben jullie soms wat vis? Neen, zeiden ze. Toen beval Hij hun: Werpt het net uit rechts van de boot, daar zult ge iets vangen. Nadat ze dit gedaan hadden, waren ze niet meer bij machte het net op te halen vanwege de grote hoeveelheid vissen.' Pas dan 'zei de leerling van wie Jezus veel hield tot Petrus: Het is de Heer!' Ze sleepten het net met de vissen aan land, waar Jezus hen opwachtte... voor een stevig ontbijt. Toen ze aan land gingen, zagen ze dat er al 'een houtskoolvuur was aangelegd met vis er op en brood'. 'Jezus trad dichterbij, nam het brood en gaf het hun, en zo ook de vis.' Maar geen van zijn leerlingen, weliswaar wetend dat het de Heer was, 'durfde Hem vragen: wie zijt Gij?' (Joh 21,1-13). Alsof ze zo beducht waren voor 'een zuiver spirituele verschijning' dat ze bleven twijfelen of Hij wel de gekruisigde was.

Het blijven verschijningsverhalen van een zo extreem realisme dat geen Joodse tijdgenoot van de Nazarener ze had kunnen bedenken. Een klassieke epifanie of openbaring van de Allerhoogste was het geenszins. Nooit eerder, in de Joodse voorgeschiedenis, openbaarde de Allerhoogste zich als een gekruisigde. De littekens van Zijn kruisiging nog in handen en voeten gekerfd. In de Joodse Bijbel openbaarde de Allerhoogste zich in donder en bliksem, het liefst op de Sinaï. In een brandend braambos zonder het braambos te verteren of in een koel briesje, het antigif van de profeten. Een klassieke epifanie in de kindheidsevangelies, uitsluitend opgetekend door evangelist Mattheus, was de verering van de pasgeboren Nazarener door de drie wijzen uit het Oosten. Beter bekend als de drie koningen, op zoek naar de pasgeboren koning van de Joden. Om hem te huldigen met goud, wierook en mirre (Mt 2,1-12), de kostbaarste stoffen uit het toenmalige Midden-Oosten. Een evident fictief verhaal, bedacht om de koning van de Joden – *Rex Judeorum* – al in zijn wieg te kunnen vereren.

Met een epifanie hebben de verschijningsverhalen van de Nazarener absoluut niets te maken. Die verhalen herhalen integendeel, unaniem, dat het de gekruisigde was die 'uit de dood was verrezen', of die Zijn kruisiging overleefde. Uitsluitend getekend door zijn verwondingen en littekens, niet door enig aureool van zijn verheerlijking. Voor Zijn verheerlijking was het wachten op zijn hemelvaart. Volgens de Handelingen van de Apostelen veertig dagen na Zijn verrijzenis.

23

Verrijzenis en hemelvaart

De christelijke iconografie en het liturgisch jaar hebben het heilsgebeuren mooi over drie feestdagen gespreid. Pasen (Zijn verrijzenis), Hemelvaart (ten hemel opgenomen) en Pinksteren (de neerdaling van de heilige Geest). Pasen en Pinksteren vielen samen met gekende Joodse feesten. Aangenomen wordt dat de Nazarener gekruisigd werd op een vrijdag voor het Joodse *Pesach*- of *Pasach*feest gevierd werd en dat hij 'op de derde dag' – voor christenen paaszondag – uit de doden is opgestaan. Het Joodse paasfeest herinnert de Joden aan hun bevrijding uit de Egyptische slaverij, uitvoerig beschreven in het Bijbelboek Exodus. Christenen zouden hun paasfeest ervaren als de bevrijding of verlossing die alle mensen die in de Verrezene geloven, mogen verwachten.

Zeven weken of vijftig dagen na *Pesach* vieren Joden *Sjavoeot*, het Joodse Wekenfeest. Aangenomen wordt dat Sjavoeot aanvankelijk een oogstfeest was, dag waarop de eerstelingen van de oogst aan God geofferd werden. Later herdachten of vierden Joden op *Sjavoeot* de openbaring van de wet van God – de *Thora* – aan Mozes op de Sinaï. Zoals omschreven in Exodus ging dat gepaard met donder en bliksem en veel hevig gedruis. Tegelijk 'leek de heerlijkheid van Jahwe voor de Israëlieten op een verterend vuur, boven op de berg' (Ex. 24,17). Dat waren ook de rekwisieten van de neerdaling van de heilige Geest – het christelijke Pinksteren, samenvallend met het Joodse *Sjavoeot* en dus vijftig dagen na Pasen – zoals beschreven in de Handelingen van de Apostelen. 'Plotseling kwam uit de hemel een gedruis alsof er een hevige wind opstak en heel het huis waar zij [de apostelen] gezeten waren, was er vol van. Er verscheen hun iets dat op vuur geleek en zich, in tongen verdeeld, op ieder van hen neerzette' (Hand. 2,2-3). Alsof de Allerhoogste op het allereerste christelijke Pinksteren een nieuwe wet afkondigde.

Hemelvaart – 40 dagen na Pasen, tien dagen vóór Pinksteren – was van meet af aan een zuiver christelijke feestdag. Er was nooit enige Joodse feestdag die daarmee overeenstemde. Dat is niet zo vreemd, omdat christenen met Hemelvaart gedenken dat de verrezen Nazarener – die veertig dagen lang nog her en der gezien werd – voorgoed 'ten hemel is gevaren'. 'Waar hij zit aan de rechterhand van God, Zijn Almachtige Vader', aldus de christelijke geloofsbelijdenis. En van waaruit Hij zijn volgelingen enkele dagen later de heilige Geest zou zenden. Volgens de Handelingen was 'de neerdaling van de heilige Geest', de omgekeerde beweging van Christus 'opgevaren ten hemel', de effectieve start van de eerste en oudste christelijke gemeenschap. De eerste dag dat de apostelen resoluut naar buiten kwamen om van de verrezen Christus te getuigen. Nadat ze zich bijna vijftig dagen lang, ondanks de verrijzenis van de Nazarener, voor iedereen verborgen of incognito weer gingen vissen op het meer van Tiberias.

Alleen lijkt dit triduüm – Pasen, Hemelvaart, Pinksteren – eerder een liturgische en theologische constructie dan een feitelijke weergave van de gang van zaken 'tussen Pasen en Pinksteren'. Zo kan het geen toeval zijn dat Hemelvaart gesitueerd werd op de 40ste dag na Pasen. 40 was voor Joden altijd al het getal van de beproeving, een proeftijd in dagen of jaren die aan grote evenementen voorafging. Zo vermeldt Exodus dat Mozes *veertig dagen* en *veertig nachten* op de Sinaï moest verblijven voordat hij er de Thora ontving (Ex. 24,18). Ook getuigt Exodus dat de Israëlieten, pas uit Egypte bevrijd, 40 jaar lang doorheen de woestijn trokken vooraleer ze het Beloofde Land mochten betreden. Dat was ook de maat van de Bijbelse zondvloed, toen het regende *veertig dagen en veertig nachten*. Volgens Mattheus, Marcus en Lucas vastte de Nazarener, alweer in de woestijn, *veertig dagen en veertig nachten* voordat hij zijn openbaar leven zou beginnen. Dat bleef dan ook de maat van de christelijke vastentijd, de veertig dagen van Aswoensdag tot Pasen.

Dat christenen Hemelvaart op 40 dagen na Pasen situeerden, kan er op wijzen dat ze ook die 40 dagen als een proeftijd en beproeving ervaren hebben. Dat waren exact de veertig dagen dat de verrezen Nazarener nog effectief en als een mens van vlees en bloed aan Zijn apostelen verscheen, of dat ze Hem nog af en toe te zien kregen. Aan die beproeving heeft Zijn hemelvaart een definitief einde gemaakt. Nooit zullen christenen de Nazarener nog in levende lijve zien. Als een begenadigde ziel de verrezene naderhand nog te zien krijgt – Sint-Paulus zal in deze categorie de eerste zijn – ziet hij duidelijk een visioen. Een buiten- of bovenaardse verschijning, in alle details onderscheiden van de verrezen Nazarener die zich onder zijn apostelen vertoonde in die veertig dagen tussen Pasen en Hemelvaart.

Eigenaardig genoeg is er maar één evangelist, Lucas, die heel kort de hemelvaart van de Nazarener vermeldt. 'Nu leidde Hij hen naar buiten tot bij Betanië, hief de handen omhoog en zegende hen. En terwijl Hij hen zegende, verwijderde Hij zich van hen en werd Hij ten hemel opgenomen' (Lc 24, 50-51). Volgens de traditie was dezelfde Lucas ook de auteur van de Handelingen van de Apostelen. Daar vinden we dan ook een tweede en iets uitvoeriger beschrijving van Zijn hemelvaart. 'Na deze woorden werd Hij ten aanschouwen van hen omhooggeheven en een wolk onttrok Hem aan hun ogen. Terwijl zij Hem bij Zijn hemelvaart gespannen nastaarden, stonden opeens twee mannen in witte gewaden bij hen, die zeiden: Mannen van Galilea, wat staat ge naar de hemel te staren? Deze Jezus die van u is weggenomen naar de hemel, zal op dezelfde wijze wederkeren als gij Hem naar de hemel hebt zien gaan (Hand. 1,9-11).

Het verschil tussen verrijzenis en hemelvaart roept vele vragen op, vragen die christelijke theologen en exegeten nooit in alle duidelijkheid konden beantwoorden. Zo heeft de traditie die wil dat de Nazarener op de derde dag door God zelf uit de doden is opgewekt geen hemelvaart nodig. Wat kon, in die voorstelling van zaken, Zijn hemelvaart nog toevoegen aan Zijn verrijzenis? Wie in het spoor van Paulus alle christelijke aandacht toespitst op Zijn verrijzenis – 'Als Christus niet verrezen is, is onze prediking zonder inhoud en uw geloof zonder grond' (1 Kor 15,14) – komt onvermijdelijk met Zijn hemelvaart en overigens ook met het pinkstergebeuren in de problemen. Geldt wat Paulus schrijft over Zijn verrijzenis niet evenzeer voor Zijn hemelvaart en voor Zijn zending van de heilige Geest? Als Christus niet ten hemel gevaren is of als Hij ons niet Zijn heilige Geest had gezonden, was Paulus' prediking evenzeer zonder inhoud en zijn geloof zonder grond.

De meest voor de hand liggende repliek op deze vragen is natuurlijk dat verrijzenis, hemelvaart en zending van de heilige Geest heilstheologisch gesproken één geheel vormen. Een geheel dat door de spreiding van het heilsgebeuren over drie afzonderlijke feestdagen wel eens over het hoofd gezien wordt. Natuurlijk lag Paulus' voorkeur voor de verrijzenis voor de hand. Voor zijn tijdgenoten was een verrijzenis uit de doden het meest spectaculaire moment van het heilsgebeuren. Ophefmakend, zichtbaar en minstens voorstelbaar. Daar kon elke sterveling zich iets bij voorstellen. Daar kon een predikant iets mee doen. En daar konden Zijn hemelvaart en Zijn zending van de heilige Geest nooit aan tippen, heilsmomenten die in de christelijke traditie nooit dezelfde aandacht kregen als de verrijzenis. Door de verrijzenis centraal te stellen, raakten hemelvaart en zending van de heilige Geest als vanzelf in de verdrukking. Dat blijkt al bij lezing van de vier evangelies die nauwelijks Zijn hemelvaart vermelden, laat staan de zending van de heilige Geest. Dat doen de Handelingen van de Apostelen wel, zij het zeer beknopt en zonder het instantsucces van de verrijzenis te kunnen evenaren. Maar als de verrijzenis zo ingrijpend was voor de jonge kerkgemeenschap als Paulus voorstelt, waar situeren we dan Zijn hemelvaart en Zijn zending van de heilige Geest?

Het omgekeerde geldt natuurlijk ook voor wie Zijn hemelvaart of het pinkstergebeuren centraal stelt. Al zijn er weinig theologen die zich daaraan wagen, sinds de invloedrijke Paulus hun het primair belang van de verrijzenis heeft voorgehouden. Hamvraag is dan, voor wie Zijn hemelvaart of het pinkstergebeuren zou centraal stellen, hoe we ons Zijn verrijzenis moeten of mogen voorstellen? Verrezen uit de doden, maar nog niet ten hemel gevaren. Wachtend op de vurige tongen van het pinkstergebeuren vooraleer de apostelen ook met hun verrijzenisgeloof naar buiten traden?

Eigenlijk zit een klassieke lezing van verrijzenis en hemelvaart met taaie doublures. Alsof het heilsgebeuren tussen Zijn verrijzenis en Zijn hemelvaart, door veertig dagen gescheiden, zich in twee stappen voltrok. Eerst Zijn verrijzenis, dan Zijn hemelvaart. Maar waar was Hij dan in die veertig dagen daartussen? Wel verrezen, maar nog niet ten hemel gevaren. Uit de dood opgestaan, maar nog altijd in deze wereld. Daarvan getuigen zijn vele verschijningen die zich uitsluitend in dit tijdsbestek voordeden. Verschijningen of momenten waarop hij nog door zijn apostelen en leerlingen in deze wereld gezien werd, zich zelfs liet betasten voor wie nog twijfelde of dit wel kon, en met zijn apostelen nog etend en drinkend. Of steunen verrijzenis en hemelvaart op twee onderscheiden tradities – 'dat hij uit de doden verrees' en 'dat hij ten hemel is gevaren' – die uiteindelijk verenigd of samengevoegd werden? Want verrijzenis en hemelvaart gaan wezenlijk over hetzelfde basisgegeven. Het ene benadrukt zijn opstanding uit de doden, het tweede zijn hemelse aankomst. Gevolgd door Zijn zending van de heilige Geest, de christelijke synthese bij uitstek. Want al wat naar God verwijst, is voor christenen een driepoot. Niet alleen de Drievuldigheid – van Vader, Zoon en Geest – maar ook de drievoudige basis van het heilsgebeuren en de latere drie pijlers van het middeleeuwse ordebeginsel. De biddende, de strijdende en de werkende orde.

Vraag is ook, in ruimer verband, of uiteenlopende interpretaties van de verrijzenis wel enig verschil maken. Of de Nazarener effectief uit de doden werd opgewekt of hij gewoon Zijn kruisiging overleefde, verdwijnt in het niets voor wie Zijn hemelvaart centraal stelt, of het pinkstergebeuren. Een gekruisigde die zijn kruisiging overleefde, was voor tijdgenoten even opzienbarend en even wonderlijk als een gekruisigde die uit de doden werd opgewekt. Toch blijkt dat Zijn verrijzenis, lees het Nieuwe Testament, aanvankelijk weinig indruk maakte op Zijn apostelen. Ze konden het niet geloven. Ze hielden zich gedeisd, ze sloten zich op – bang voor de Joden – of ze gingen gewoon weer vissen. Zelfs Zijn hemelvaart kon hen aanvankelijk niet in beweging krijgen. Op dit punt zijn de Handelingen van de Apostelen bijzonder duidelijk. Pas het pinkstergebeuren, de zending van de heilige Geest, trok de apostelen over de streep. Pas dan, vijftig dagen na Zijn verrijzenis, trokken ze in Jeruzalem resoluut de straat op om 'Parthen, Meden en Elamieten, bewoners van Mesopotamië, van Judea en Cappadocië, van Pontus en Asia, van Frygië en Pamfylië, Egypte en het gebied van Lybië bij Cyrene, de Romeinen die hier verblijven, Joden zowel als proselieten, Kretenzen en Arabieren' (Hand. 2,9-11) met open vizier de Blijde Boodschap te verkondigen. Het blijft vreemd dat Paulus, *de* grootste heraut van de verrijzenis, dat pinkstergebeuren ontgaan is. Want daar is de kerkgemeenschap geboren, niet op Golgotha.

24

Het Vaticaanse dilemma

De verschijningsverhalen in de vier evangelies hebben de kerken een tijdbom meegegeven. Een tijdbom die wel eens door de lijkwade van Turijn kan geactiveerd worden. Voor zover de lijkwade zou bevestigen dat de Nazarener, wiens afdruk op de lijkwade achterbleef, niet direct de Christus was die de christelijke kerken ervan maakten. Dat die lijkwade een verrezene betrof, staat buiten kijf. Alleen blijft het de vraag of hij 'verrezen is uit de doden' of dat hij gewoon Zijn kruisiging overleefde. Voor tijdgenoten van de Nazarener maakte dat nauwelijks een verschil. Dat een gekruisigde zijn kruisiging overleefde, was voor tijdgenoten zo ondenkbaar dat verschijningen van een gekruisigde per definitie bewezen dat hij 'uit de dood verrezen' was. Dat was niet eens overdreven. Gekruisigden die hun kruisiging overleefden, waren zo zeldzaam dat hun opstanding of verrijzenis uitsluitend aan een goddelijke interventie kon toegeschreven worden. Menselijk gesproken, was dat quasi onmogelijk. Dat Flavius Josephus in zijn uiterst bewogen leven – gekenmerkt door de grote Joodse opstand in de jaren 66-70 en de vernietigende Romeinse reactie daarop – maar één geval vond van een gekruisigde die zijn kruisiging overleefde, zegt genoeg. Een Romeinse kruisiging was een zo perfecte terechtstelling dat de kansen op overleving quasi nihil waren.

Het Vaticaanse en bij uitbreiding christelijke probleem is dat de lijkwade van Turijn de christenheid minstens confronteert met de mogelijkheid dat de gekruisigde niet aan het kruis gestorven is. Dat is voor de christelijke traditie, en meer nog voor de christelijke dogma's, een onvoorstelbare bedreiging. Dogma's zijn immers onwrikbare, onaantastbare en onveranderbare geloofswaarheden, opgesteld en verfijnd door de acht oecumenische concilies van het eerste christelijke millennium. Als zodanig kregen deze dogma's de zegen van de kerken in Oost en West en verwoorden ze wat de universele kerkgemeenschap in het eerste millennium voor ogen stond. Latere dogma's gelden uitsluitend voor de katholieke kerk. Dat is onder meer het geval voor het dogma van de onbevlekte ontvangenis van Maria (1854), voor het dogma van de pauselijke onfeilbaarheid (1870) en voor het dogma van de lichamelijke tenhemelopneming van Maria (1950).

De belangrijkste christelijke dogma's of onveranderbare geloofswaarheden werden al opgesomd in de christelijke geloofsbelijdenis, het credo of het *symbolum apostolorum*, in 325 bekrachtigd door het eerste concilie van Nicea (Klein-Azië). Centraal staan het geloof in één God, 'de almachtige Vader, Schepper van hemel en aarde', en in 'één Heer, Jezus Christus, eniggeboren Zoon van God, vóór alle tijden geboren uit de Vader'. Christus 'die voor ons, mensen, en omwille van ons heil, uit de hemel is neergedaald. Hij heeft het vlees aangenomen door de heilige Geest, geboren uit de Maagd Maria, en is mens geworden'. 'Hij werd voor ons gekruisigd. Hij heeft geleden onder Pontius Pilatus en is begraven. Hij is verrezen op de derde dag en is opgevaren ten hemel, waar Hij zit aan de rechterhand van God, Zijn almachtige Vader. Hij zal wederkomen in heerlijkheid om te oordelen de levenden en de doden'.

Met die dogma's kunnen christenen best leven als ze het geheel viseren, en niet zijn onderdelen. Helaas zijn dogma's het kwetsbaarst als ze elk onderdeel van het heilsgebeuren willen fixeren. Nog erger is als ze het onderdeel boven het geheel verkiezen. Als ze het heilsgebeuren opsplitsen in omstreden en tijdsgebonden momenten en als ze ervan uitgaan dat elk dogma per definitie eeuwigheidswaarde zou hebben. Eeuwigheidswaarde heeft hooguit het geheel, niet zijn dogmatische onderdelen. Alleen al omdat christelijke dogma's hun betekenis ontlenen aan geloofswaarheden die eerder verwijzen naar tijdelijke en ruimtelijke omstandigheden dan naar ijkpunten die universaliteit en eeuwigheid suggereren.

Wat christelijke dogma's uit het eerste millennium betreft, blijven ze verwijzen naar het Grieks-Latijnse begrippenarsenaal van de vierde eeuw AD. Gedrenkt in onvertaalbare concepten uit een heel andere tijd en uit een heel andere wereld. In het beste geval verwijzen dogma's naar geloofswaarheden, maar geen dogma kan de waarheid voor zichzelf claimen. In geen geval kunnen ze universele of eeuwige betekenissen genereren. Universele en eeuwige betekenissen bestaan zelfs niet. In woorden uitgedrukt is elke geloofswaarheid een kind van zijn tijd en hooguit een vertaling van wat onze rationele vermogens te boven gaat. Een geloofswaarheid is een rustpunt, geen hakbijl. Een voortdurende uitdaging, geen definitief antwoord. Een open deur, geen vesting. Een prikkel en tegelijk een aanmoediging om waarheid en dwaling telkens weer van elkaar te onderscheiden.

Onmiskenbaar staan dogma's in de katholieke kerk het hoogst aangeschreven. Het is bovendien de enige geloofsgemeenschap die ook de voorbije eeuwen nog nieuwe dogma's bleef produceren. Niet eens beseffend dat dogma's die pas in de 19de of 20ste eeuw geformuleerd werden nauwelijks de universele en eeuwige waarheid kunnen reflecteren. En het Vaticaan hanteert ook de meest autoritaire opvatting van wat een dogma is, een absoluut geldende, ontegenzeggelijke en afdwingbare waarheid. In de woorden van een 5de-eeuws monnik, Vincentius van Lérins, 'wat overal, altijd en door iedereen moet geloofd worden'. *Quod ubique, quod semper, quod ab omnibus creditum est.* Alleen was dat voor Vincentius nog geen gebod, maar een manier om de geloofswaarheid te vinden. Zoals het monniken past, op basis van een eensgezind en overlegd besluit, geen pauselijk of keizerlijk decreet. 'Laat ons geloven wat overal, altijd en door iedereen geloofd wordt.'

Het is die dogmatische grondhouding die vooral het Vaticaan voortdurend weer voor dilemma's plaatst. Omdat het wezenlijk een paradoxale grondhouding is. Want tegelijk staat het christendom, zeker in het Westen, voor een rationele benadering van zijn gelovige uitgangspunten. Ervan uitgaand of ervan overtuigd dat geloof en rede elkaar niet kunnen tegenspreken. Zolang ze elkaars eigenheid respecteren, koesteren de kerken een oude traditie die zelfs technologie en wetenschap accepteert en er zich nooit helemaal van afsloot. Generaties christenen stonden eeuwenlang op de eerste rij van onderwijs en vorming, nooit in een zuiver fideïstische geest – als gelovigen onder elkaar – maar met een universele blik op alle vormen van kennis, technologie en wetenschap. Tijdens Europa's donkerste eeuwen werden uitsluitend in abdijen en kerkelijke instellingen de intellectuele prestaties van Grieken en Romeinen, maar ook die van Joden en moslims bewaard, gekopieerd en becommentarieerd. Zoals de kerken ook de eerste universiteiten lanceerden, aanvankelijk toegespitst op filosofie en theologie, burgerlijk en kerkelijk recht. Maar omdat wetenschap zich door geen gareel laat hinderen, gingen de universiteiten snel hun eigen weg. Aanvankelijk nog onder het welwillende oog van hun kerkelijke ambtsdragers, maar dat kon niet blijven duren.

Omdat die welwillende houding tegenover rationaliteit voor de kerken paradoxaal genoeg op één grens botst die ze angstvallig bewaken. Dat rationaliteit en wetenschap de aloude geloofswaarheden niet tegenspreken. Dat de wetenschappen de geloofswaarheden respecteren zoals de kerken de wetenschappen in hun eigenheid gedogen. Dat rationele evenwicht kon geen stand houden omdat beide instanties – kerk en wetenschap – ten gronde de hele werkelijkheid willen verklaren en niet alleen dat deel van de werkelijkheid dat ze elkaar zouden gunnen. Maar ook omdat de kerken graag redelijkheid en wetenschap inschakelen om hun gelovige uitgangspunten te bevestigen, maar die schuwen als ze hen tegenspreken.

Een eerste keer kwam vooral het Vaticaan in botsing met de natuurwetenschappers, wiskundigen en astronomen – Copernicus, Kepler, Galilei – die in de 16de en 17de eeuw als eersten bewezen dat niet de zon rond de aarde maar de aarde rond de zon draait. Een astronomische en kosmologische revolutie die het westerse wereldbeeld grondig zou veranderen en die al enkele christelijke dogma's onderuithaalde. Aan Copernicus in Polen of Kepler in Praag had het Vaticaan weinig te zeggen. Maar Galilei, een Italiaan, kreeg in de jaren 1630 vanuit het Vaticaan de volle laag. Hij moest zijn 'ketterse dwalingen' afzweren en zou de rest van zijn dagen onder huisarrest doorbrengen. Pas in 1992, 359 jaar na zijn definitieve veroordeling, zou paus Johannes-Paulus II verklaren dat de kerk fout was om Galilei als een ketter te veroordelen.

Een tweede botsing tussen kerk en wetenschap is heel anders verlopen, maar had al even ingrijpende gevolgen. In dit geval was het de Engelse bioloog en naturalist Charles Darwin, in 1859 een van de grondleggers van de evolutieleer van alle levende organismen en de ontdekker van de natuurlijke selectie om de grote variëteit van al wat leeft te verklaren. De veroordeling van Galilei in 1633 was het gevolg van een kosmologisch drama – een fatale degradatie van de aarde als het centrum van de kosmos. Het darwinisme was een frontale aanval op de christelijke scheppingsorde. Darwin met open vizier veroordelen, een notoire agnost met anglicaanse wortels, zat er voor het Vaticaan niet in. Maar dat de Britse ontdekker geen plaats liet voor de Schepper van hemel en aarde, zou de kerken zuur opbreken. Ook in dit dossier was het wachten op Johannes-Paulus II, de eerste paus die in 1996 zou verklaren dat Darwins evolutietheorie 'meer is dan een hypothese' en 'niet in strijd is met het christelijk geloof'. Onder het voorbehoud 'dat het menselijk lichaam de vrucht kan zijn van de evolutie maar dat de ziel direct door God is geschapen'.

In beide gevallen – Galilei en Darwin – zette het Vaticaan de hielen in het zand om de geloofswaarheid tegen zijn belagers in bescherming te nemen. Op het eerste gezicht deed het Vaticaan wat de lijkwade van Turijn betreft precies het omgekeerde. Niemand was er in 1988 sneller bij om de wetenschappelijke C14-datering te aanvaarden, inclusief het ontmaskeren van de lijkwade als een vervalsing, dan het Vaticaan. Toch was die Vaticaanse reactie alleen begrijpelijk vanuit dezelfde impulsen. Liever een valse lijkwade, een vernuftig kunstwerk uit de 14de eeuw, dan een lijkwade die te dicht bij Christus kwam, te dicht bij Zijn kruisiging en te dicht bij de christologische dogma's. Deze keer gaf het Vaticaan de wetenschappers te vlug gelijk.

Niet dat iemand met de lijkwade in de hand wit op zwart (al) kan bewijzen dat de man in de lijkwade nog leefde, laat staan dat hij zijn kruisiging overleefde. Maar de idee alleen al is blijkbaar zo bedreigend voor de christologische dogma's dat het Vaticaan liever geen risico's neemt en op het spoor van een vervalsing wedt. Voor Rome is de stelling van Isabel Piczek, dat de lijkwade het bewijs levert dat Christus effectief uit de dood verrezen is, alleszins veel aantrekkelijker. Maar Piczek 'bewijst' haar gelijk nog veel minder dan zij die de afdruk op de lijkwade het resultaat noemen van een natuurlijk proces. Zodat het Vaticaan, zolang Rome het bij een vervalsing houdt, ook Piczek voor schut zet. Het Vaticaanse dilemma in een notendop. Vele jaren heeft het Vaticaan het wetenschappelijk onderzoek op de lijkwade gesteund en minstens gedoogd. Tot het wetenschappelijk onderzoek volgens het Vaticaan te ver ging, of dreigde te gaan. Dan slaan in Rome de stoppen door. Liever geen lijkwade dan een lijkwade die de hele christologie weer op losse schroeven zou zetten.

Lectuur

Frank ADAMS, *Sindon. A Layman's Guide to the Shroud of Turin*, Tempe, Arizona, Patrick Walsh Press, 1982, 144 blz.

Jacques ANQUETIL, *Ik ben de lijkwade*, Naarden, Element, 2000 (1998), 285 blz.

Paul BADDE, *Das Grabtuch von Turin oder das Geheimnis der heiligen Bilder*, Pattloch, 2010, 158 blz.

Malcolm BARBER, *The Trial of the Templars*, Cambridge University Press, UK, 1979.

Pierre BARBET, *A Doctor at Calvary. The Passion of Our Lord Jesus Christ as Described by a Surgeon*, New York, P.J. Kenedy and Sons, 1953, 178 blz.

Oktaaf BOIE, *De lijkwade van Turijn. Teken van Jonah voor onze generatie*, Brugge, Lijkwade genootschap, s.d. (1987), 217 blz.

Werner BULST sj, *Betrug am Turiner Grabtuch. Der Manipulierte Carbontest*, Frankfurt am Main, Knecht Verlag, 1990, 62 blz.

Liam BUTLER, *The Silent Witness*, Knightsbridge, UK, Namara Features Ltd, 1978.

Marcel CHAPELEAU, *Lumière sur le Linceul. Un défi à l'intelligence*, Editions Sedas, 2009, 220 blz.

Noel CURRER-BRIGGS, *Shroud Mafia. The Creation of a Relic?*, The Book Guild Paperback, 1995, 264 blz.

Helmut FELZMANN, *Neues Licht auf Jesus: Forschung am Turiner Grabtuch führt zu überrasschenden Erkenntnissen*, Lulu Verlag, 2008, 202 blz.

Barbara FRALE, *The Templars: The Secret History Revealed*, Arcade Publishing, 2009, 264 blz.

Barbara FRALE, *The Templars and the Shroud of Christ*, Dunboyne (Ierland), Maverick House, 2011, 303 blz.

Harry GOVE, *Relic, Icon or Hoax? Carbon Dating the Turin Shroud*, Bristol/Philadelphia, Institute of Physics Publishing, 1996, 336 blz.

Elmar GRUBER & Holger KERSTEN, *Het Jezus-komplot. Het bedrog rond de lijkwade*, Deventer, Ankh-Hermes, 1993 (1992), 408 blz.

Elmar GRUBER & Holger KERSTEN, *Het Kruis en de lijkwade. Machtsspel tussen Vaticaan, traditie en wetenschap*, Baarn, Tirion, 1999 (1998), 367 blz.

Rodney HOARE, *De lijkwade getuigt*, Utrecht, Helmond, 1979 (1978), 128 blz.

Flavius JOSEPHUS, *De Joodse Oorlog & Uit mijn leven*, Baarn, Ambo, 1992 (78-96), 646 blz.

Holger KERSTEN, *Jezus leefde in India. Nieuwe onthullingen over zijn leven voor en na de kruisiging*, Deventer, Ankh-Hermes, 1990 (1983), 272 blz.

Christopher KNIGHT & Robert LOMAS, *The Second Messiah*, London, Arrow Books, 1997, 350 blz.

Gilbert LAVOIE, *De lijkwade van Turijn ontsluierd*, Tielt/Kampen, Lannoo/Kok, 1999, 182 blz.

Gilbert LAVOIE, *Resurrected. Tangible Evidence That Jesus Rose From The Dead*, Notre Dame, Indiana, Ave Maria Press, 2000, 173 blz.

Antoine LEGRAND, *Le Linceul de Turin*, Brugge, Desclée de Brouwer, 1980, 221 blz.

Paul MAUCLAIR, *Les Templiers. La vérité sur un procès truqué*, Genève, Ed. Famot, 1983, 266 blz.

Walter McCRONE, *Judgement Day for the Turin Shroud*, Chicago, Microscope Publications, 1997.

William/Bill MEACHAM, *The Rape of the Turin Shroud. How Christianity's most precious relic was wrongly condemned, and violated*, Lulu Press, 2005, 288 blz.
Hans NABER, *Christus wurde lebendig begraben*, Stuttgart/Zürich, Hans Naber Verlag, 1972.
Albert OLLIVIER, *Les Templiers*, Paris, Seuil, 1958, 188 blz.
Mark OXLEY, *The Challenge of the Shroud. History, Science and the Shroud of Turin*, 2010, 348 blz.
Lynn PICKNETT & Clive PRINCE, *Beyond the Turin Shroud. In Whose Image? The Shocking Truth Unveiled*, Ontario, Stoddart Publishing, 1994, 212 blz.
Isabel PICZEK, *Why the Shroud of Turin Could not have been the Work of a Clever Artist*, Los Angeles, 1989.
Bernard RUFFIN, *The Shroud of Turin: The Most Up-To-Date Analysis of All the Facts Regarding the Church's Controversial Relic*, Huntington, Indiana, Our Sunday Visitor, 1999, 189 blz.
Daniel/Dan SCAVONE, *Joseph of Arimatea, the Holy Grail and the Turin Shroud*, 1996.
David SOX, *The Shroud Unmasked: Uncovering the Greatest Forgery of all Time*, Londen, The Canterbury Press, 1988.
Remi VAN HAELST, *Het gelaat van Kristus. De Lijkwade van Turijn*, Antwerpen, De Vlijt, 1986, 355 blz.
Paul VIGNON, *Le Linceul du Christ*, Etude Scientifique, Paris, Masson, 1902, 215 blz.
Paul VIGNON, *Le Saint Suaire devant la science, l'archéologie, l'histoire, l'iconographie, la logique*, Paris, Masson, 1939.
John WALSH, *The Shroud. The Authorative, Comprehensive and Concise Report on the Single Most Fascinating Artifact in the Christian World*, New York, Random House, 1963, 202 blz.
Robert WILCOX, *The Truth About the Shroud of Turin. Solving the Mystery*, Washington, Regnery Publishing, 2010, 252 blz.
Ian WILSON, *Het bloed en de lijkwade*, Baarn, Ten Have, 1999 (1998), 347 blz.

Oudste weergave van de lijkwade van Lirey,
met beide afbeeldingen van de Gekruisigde,
op een loden gedenkplaat uit de tweede helft van de 14de eeuw.
Onderaan links prijkt het wapenschild van de Charny's
(het adellijk huis van Geoffroy de Charny),
onderaan rechts dat van de Vergy's
(het adellijk huis van diens eega, Jeanne de Vergy).

VAN DEZELFDE AUTEUR
VERSCHENEN BIJ HOUTEKIET

15,5 x 23,5 cm, 240 blz

De Waanzinnige Twintigste Eeuw
Oorlog en vrede van 1914 tot 1994 (1995)
Het Verloren Millennium
De vergeten wortels van het moderne Europa (1996)
Botsende Werelden
De rooms-romeinse strijd om tijd en eeuwigheid (1997)
Afrika in de Vuurlijn
Het Afrikaproject van krijgsheren en grondstoffenkartels (1998)
Apocalyptische Tijden
Vriend en vijand in de 21ste eeuw (1999)
Mij is alle macht gegeven
Een politieke geschiedenis van de pausen (2000)
De twaalf zuilen van Israël
Een politieke geschiedenis van de joden (2001)
De Loge en het Opus Dei
Een geschiedenis van de democratie (2002)
De ontdekking van Europa
Een geschiedenis van de toekomst (2003)
Een republiek op keizersvoeten
Geschiedenissen van Amerika (2004)
Oosterse dagen, Arabische nachten
Politiek en religie in de geschiedenis van de islam (2005)
Beschavingen botsen niet
In de tang tussen religie en cultuur (2006)

14 x 22 cm, 160 blz

Altijd pijn

Overleven met een hersentumor (2008)

God is niet dood

Over religie en verlichting (2009)

Maria Magdalena

De vrouw van Zijn leven (2010)

De franciscaanse belofte

Spiritualiteit op blote voeten (2011)

marc.heirman@skynet.be